失恋这件小事

Lovelorn

大年年 ◎ 著

江苏凤凰文艺出版社
JIANGSU PHOENIX LITERATURE AND
ART PUBLISHING, LTD

图书在版编目（CIP）数据

失恋这件小事 / 大年年著 . -- 南京：江苏凤凰文艺
出版社，2018.7
ISBN 978-7-5594-2010-7

Ⅰ. ①失… Ⅱ. ①大… Ⅲ. ①散文集－中国－当代
Ⅳ. ① I267

中国版本图书馆 CIP 数据核字（2018）第 090433 号

书　　　名	失恋这件小事
作　　　者	大年年
出 版 统 筹	万丽丽
选 题 策 划	天麦开卷
责 任 编 辑	姚　丽
特 约 编 辑	胡宏烨
责 任 监 制	李　响
封 面 设 计	格·创研社
发　　　行	江苏凤凰文艺出版社
经　　　销	北京有容书邦文化传媒有限公司 010-56421373
出版社地址	南京市中央路 165 号，邮编：210009
出版社网址	http://www.jswenyi.com
印　　　刷	环球东方（北京）印务有限公司
开　　　本	880×1230 毫米　1/32
印　　　张	7.75
字　　　数	160 千字
版　　　次	2018 年 7 月第 1 版　2018 年 7 月第 1 次印刷
标 准 书 号	ISBN 978-7-5594-2010-7
定　　　价	39.80 元

影视版权抢订热线　186-1242-4245
江苏凤凰文艺版图书凡印刷、装订错误可随时向承印厂调换

To Asa Butterfield :
thank you very much and I hope to see more of your films

contents

目　录

痞子英雄

那个人，在我的青春里，
写下了重要的一笔。

01

　　"这一次，我们想拍一部校园片。青春期的少男少女的故事，这一块空白区域比较大。投资方已经找好了，然后希望您能做这部电影的编剧。"

　　我坐在进贤路的咖啡馆里，听对面的制片人说她的要求。

　　校园、少男少女，这两个词光是听听就觉得充满了青春的气息，我笑了笑，说："可是我都快三十岁了，也没有谈过恋爱，不确定能不能写这种题材的剧本。"

　　三十岁，剩女，怎么想都不可能跟青春恋爱这样的词语扯上关系。

　　"我说到这个选题的时候，您的眼神里有一瞬间的闪烁，我觉得您肯定能写出这样的故事，只看您愿不愿意写。当然我也知道，有些故事、有的人只适合自己一个人藏着，偶尔偷偷拿出来看看。不过有的时候，时过境迁，告诉对方也未尝不可。像您这么优秀的编剧，我觉得，各种题材您都能操控得好的。"

　　我笑了笑，现在的制片人，一个个都这么能忽悠啊。

　　"我下个月给你一部分试看吧！不过还是不要抱太大的希望，我估计我写不来，我对于写感情戏真的没有什么把握。"

　　是啊！一个没有青春期的人，怎么能写出动人的青春期故事呢？

　　聊完一些细节，制片人埋了单先走了。我坐在座位上，拿出手机翻了一下，短信拖到最底下，是三年前的一条消息。

"我要结婚了。"

发件人是夏河山，我的高中同学。

02

回家以后，粗略构思了一下剧本，我决定以自己的母校为原型，但是很多小的细节都随着时间的推移忘得差不多了，刚好我妈在念叨着我很久没有回老家了，我便订了机票决定回去休息几天顺带着采采风。

在跟我妈去买菜的路上，我遇到了夏河山。

有的时候，城市生活就是这么奇妙。我在上海生活了那么久，从来没有搬过家，但是一次都没有遇到过我的前男友，说再见是真的再也没有见过，但是夏河山却是一个例外，总归是好巧不巧地遇到了。

我和我妈提着大大小小的袋子，夏河山抱着他女儿站在对面，看到我的身影以后，便挥手大声地跟我打招呼。

"周小胖。"已经称不上是少年音的声音在对面响了起来，我看到一位中年男士特别激动地朝着我的方向挥手。

"你什么时候回来的呀，怎么不说一声呢？"他语气里还有点埋怨。

我绕过了这个问题，直接说了一句"我已经不是个胖子了"。

"河山你家小孩长得可真好。冉冉啊，你看看人家河山，小孩都这么大了，你到底什么时候结婚啊？河山，你跟冉冉是同学，你帮阿姨劝劝她，这都多大了。"

夏河山看了我妈一眼，立马说道："阿姨，这种事可急不得，冉冉这么优秀，您看她写的那部谍战片多好看，对不对？"

"优秀有什么用，也没有见她拐个英俊潇洒的男明星回家。"我妈毫不犹豫地继续吐槽，一点都不顾及母女情分。

我提着东西，看着夏河山跟我妈在路边闲聊，我指了指他手上的文身，问他女儿："囡囡，你怕不怕这个？"

小姑娘摇摇头说："不怕。爸爸有糖糖，不怕。"

时间真是一个可怕的东西。我从当年的那个胖子，变成了一个体重只有九十斤的中年人，而当时那个叛逆心极重、文着可怕文身的少年，此刻却变成了拿着保温杯、抱着女儿跟别人在街边扯家常的中年人。

真是太可怕了。

03

虽然我妈总是埋怨我，为什么还不找男朋友，但是回家的这几天，她仍然顿顿给我做大鱼大肉，吃得我都产生了负罪感。傍晚的时候，我从家里翻出了跑步装备，打算去学校的田径场跑几圈。

我到田径场的时候，遇到了几名学生，他们背着书包慢悠悠地走着。不知道在聊什么话题，看上去很开心的样子。年轻真好啊，一想到我不会再拥有这种青春的气息，我的心里就有一丝落寞。年轻的时候可能会因为对方无意识的动作或者行为而对对方痴迷，成年以后就很难有这种感觉了，除非对方是张震或者金城武。对于需要描写出青春校园戏码的编剧来说，这种感受真的太重要了。

我绕着田径场跑了十圈，很快就跑完了，明明小时候觉得田径场非常大，跑一圈下来都很要命的。

无法预料的事情有很多，我们永远都不知道下一秒世界会变成什么样，就好像那个时候的我无法预料到，现在的我会爱上跑步，成为一名编剧，会喜欢上夏河山。明明很多事情在当时的我看来，都是不可能发生的。

读书的时候，每个人的班级里总会有这样的组合：胖胖的、毫无个性的女生和很好看、很叛逆的男生。非常不幸的是，我就是那个胖胖的女生，而夏河山就是那个好看的会发光的男生。

在我对于喜欢这个词语还懵懵懂懂的时候，班上已经有很多女生开始悄悄地讨论夏河山了，那些女生会每天精心打扮，穿好看的裙子，找各种借口想多接触一下夏河山。

我跟夏河山熟络起来，大概是因为我是语文课代表，语文老师又恰好是我们的班主任，而夏河山又恰好总是被班主任罚站吧！

每天中午我都会去办公室把老师批改好的作业拿回教室。那一天，大概是秋天里平常的一天，记忆里还有桂花的香味。我去拿作业的时候，看到了站在办公室里的夏河山。

老师们都去吃午饭了，办公室里并没有其他人，他斜斜地倚靠着墙壁站着，留给我一个好看的侧脸。那个时候我的心里突然紧张了一下，手不自觉地扯了扯自己校服的下摆，竟然也开始焦虑起自己的头发有没有扎好这样的事情。

"周小胖，你有没有吃的？"

我一直被人喊作"胖妞"，"胖"这个字在我听来略微有点刺耳。那个中午，夏河山悠悠地喊着"周小胖"，明明也是在说我胖，可是我的心里却自动屏蔽掉了那些不开心。

"有的，有红豆包，还有铜锣烧。"

"那你拿点给我吧，我站这里都要饿死了。"

我一路小跑回教室，把吃的都提了过去，就连我最喜欢的草莓牛奶也拿上了。

我第一次意识到"喜欢是盲目的"这句话的时候，夏河山正在吃东西。可能是真的饿了，也有可能是怕老师突然回来，他吃得特别快，大口大口地吃着，全然没有女生们嘴里描述的那种帅气的模样。

"有没有人说，你笑起来很像加菲猫啊？"

"嗯……没有！"

"果然还是胖一点的猫比较可爱啊！"说完他就飞速地吃下最后一口红豆包，把包装纸全部收好递给我，"谢谢你了。帮我保密哦！被老师知道我就惨了。"

我点了点头。

后来上编剧写作课的时候，老师跟我们说，让男女主角感情升温的一种方法就是，拥有一个只有两个人知道的秘密或暗号。

我和夏河山拥有了共同的秘密，但是我们没有拥有男女主角的身份。

04

在那之后，我跟夏河山的距离没有拉近，反而越来越远了。

大概是因为除了胖我没有别的优点，所以我朋友很少，我的大部分时间都花在了学习上，成绩终于从不前不后的尴尬位置，一下子挤进了前几名。而夏河山，却在成绩退步这条路上越走越远。

成绩好跟成绩差就是我们两个人之间最大的差距，我们就像超市里的商品，分散在不同的区域。

跑完步后我在田径场上做拉伸，看着旁边的小男孩小女孩在一起打打闹闹、说说笑笑，才觉得这样的生活真是甜蜜啊！青春期的时候我也不是没有幻想过——某一天醒来的时候，脸上的婴儿肥突然消失了；眼睛也从无神的单眼皮变成了可爱的双眼皮；身上那些赘肉也愉快地跟我说再见了；男生见到我不再喊周小胖，也会在我走过去的时候戏谑地吹着口哨；打开抽屉的时候也能看到粉红色的信封。

只是这些事情似乎从来没有发生过。

"我不管，你给我拿着，我明天打球的时候要穿这件，你给我送过来。"

不远处有人大声嚷嚷，我站在一旁拉伸了半个小时，把他们小年轻的心思看得明明白白——男生明天要去打篮球赛，担心女生不肯来看，硬是要把自己的球衣塞给她。

男生临走之前还恶狠狠地说："明天三点啊，准时到，不要迟到了。"

我被这种套路甜得哦！年轻可真好，就连喜欢都可以这么肆无忌惮又拐弯抹角。

在田径场上遇到夏河山倒是有些出乎我的意料，他跟他的太太牵着孩子在散步。我之前就听说过，他太太是高中老师，没想到以前特别讨厌老师，恨不得全天下的老师都爆炸的人，最后竟然会娶了一名老师天天管着自己。

"周小胖，你又在跑步啊？"这一次他又是大老远就看到我，跟我打招呼。

我拿起放在脚边的水杯，朝他们走了过去。

大概是白天见过我的缘故，小女孩再见到我也不觉得害怕了，甚至还走到我脚边要我抱抱。

"这是我的高中同学。"夏河山一把抱起要往我身上扑的小女孩，跟他的太太介绍道，随后又向我介绍道："这位是我太太。"

此时他的脸上带着一种只有少年才有的窘迫的羞涩感，就好像回到了高中时代，而我是那个偶然撞到男生跟女生走在一起的班主任。

"妈妈，囡囡想去荡秋千。"小孩指着前面的秋千，眼神里满是期待。

他太太笑了一下："那你们先聊，我带孩子过去玩儿。"

"你还没有谈恋爱啊？"

"干吗？下一句要说再不谈恋爱结婚就是高龄产妇了吗？你要这么说我可是要去给微博上那些直男博主投稿啊！"

夏河山笑了一下："没有，只是好奇，你会喜欢什么类型的男生。"

"喜欢有钱又不秃顶的人。"这样的问题我每年都要回答好几百次，但是这一次我却意外地很有耐心地回答。

他嘿嘿嘿地笑了起来，眼神里却都是温柔，年轻时候的那些桀骜不驯早就消散了。是啊，毕竟一切都在变化着，再耀眼的男孩也有可能变成平凡的普通人啊！

"你啊，就是太不自信了，总觉得自己比别人差，不值得别人对你那么好，这样不好啊，会错过很多事情的。"

我点点头，气氛突然变得有些尴尬，他焦躁地抓了抓自己的头发说："我不太会说话，你不要生气，我其实没有恶意的。"

我佯装生气，恶狠狠地说："你再这样我要拉黑你了，让你错过跟大编剧成为朋友的机会。"

我当然知道他没有恶意，他就好像是那个装作蛮横一定要把衣服塞给女同学的高中生，只是用一种别扭又骄傲的方式表达着他自己，我当然是知道的。

回家以后我冲了个澡，待在房间里无聊地刷着微博。

我妈进来给我送了一杯牛奶，说："对了，前几天我给你收拾屋子，整理出一些不要的东西，你看看，确定没有用的话，我就全拿去扔了。"她指了指书桌前的纸箱。

"好啊，我看看。"我放下手机，走到了箱子前面随手翻了一下，里面都是一些极具年代感的东西。

有初中时跟同学一起拍的大头贴，那个时候的自己还是一头短发，还很胖，太可怕了。还有以前跟同学写的交换日记，我翻开读了两页，里面写的全部都是"数学作业完全不会写啊"这种话。再往里翻，我看到了一张海报，是年轻时喜欢过的明星，当时他可真红啊，我还妄想过要成为他的女朋友，之前跟公司的同事一起去某个发布会现场的时候遇到了他，现在想起来可真是尴尬啊！

海报上贴了一小块透明胶带，不过我却不记得我买过这张海报，我拿着海报在房间里绕了好久，才终于回想起这张海报的来历。

那是我跟夏河山之间，最后的回忆。

高二的时候，学校举办了运动会，所有学生都必须参加。男生们都选择了那些可以尽情耍帅的项目，夏河山虽然成绩不好，但是他个子高，长得又好看，篮球赛这种传统耍帅项目自然是少不了他。

我本来以为像我这种没有人权的胖子应该不会有什么项目落到我的身上，因为除了拿最后一名，不会出现什么别的结局。可是我忘了，世界上还有长跑这种人见人恨的项目，别人都躲开了，那只能落在我身上了。

　　不过还好，长跑项目的时间比篮球赛早半个小时，那个时间段，大家应该都想着去室内体育场占位置，给自己喜欢的男生应援呐喊，不会有人注意到，田径跑道上，宛如一头猪一样的我，艰难地行走着。

　　一直到田径项目之前，我都是抱着一种绝望的心态，绝望地站在起跑线上，绝望地看着其他选手一个又一个超过我。

　　这种绝望一直围绕着我，直到田径场中间的草坪上出现另一个身影，他穿着灰色的连帽衫，戴着帽子，但是我还是认出了他。

　　全世界只有一个人叫我"周小胖"我不会觉得厌烦，甚至还觉得这是他对我的昵称，是我们关系亲密的体现。

　　那个时候他跟外校的同学起了纠纷，还跑去打架，所以我对他的印象一下子跌到了谷底，生怕自己一个不小心就惹他生气了。只是没有想到平日里痞里痞气、让人不敢靠近的他，此刻却一身轻松地出现在我面前。

　　"我在你前面一点陪着你跑，你加油！"匆匆地说完这一句，他就迈着步子跑到了前面。

　　我清晰地看到，他身后的衣服上粘着我偶像的海报，我也不知道我脸上流着的是泪水还是汗水，胡乱地伸手擦了一把，我就迈开了步子继续往前跑。

我的偶像，在我前面奔跑着，我当然要赶上。

我们班最好看的男孩子，在身后贴了我偶像的海报，为了鼓励我继续跑下去，我当然要赶上。

我悄悄喜欢的男孩子，为了我在努力着，我当然要赶上。

虽然很遗憾，咸鱼翻身依旧是咸鱼，我并没有跑出第一名的成绩，但是我还是收获了一张整整齐齐地被放在一旁等着我去认领的海报，还有一瓶宝矿力的水。

水当时就咕噜咕噜喝完了，瓶子却一直留了下来，海报也渐渐变色了，而那一点点的喜欢，也在自己意识到了以后被强行掐断了。

他是喜欢我的吧？

不然怎么会在篮球赛马上就要开始的情况下，还不惜浪费体力来给我陪跑呢？

他肯定不会喜欢我吧？

好看的男孩子会喜欢又丑又胖的女孩子吗？不可能的。

青春期的自卑让我一度觉得奇迹不会发生，王子喜欢灰姑娘的戏码就是剧本的一种创作方式，是为了引起百分之八十平凡的人的共鸣而设置的骗局。我一口气喝完那瓶宝矿力以后，又绕着田径场跑了两圈，我的心里才平静下来。

喜欢一个人是一件非常美好的事情，但是我不配拥有他。

运动会结束之后，高二的时光也就结束了，我顺利进入了高三尖子班，而他则去了成绩最差的班级，我们的教室分别位于走廊的东西两头，似乎也不存在打照面的瞬间。

我就这样毫无波澜地没有故事地结束了我的高中生涯。

我跟夏河山之间，想起来也就只是一起经历了为数不多的几件小事而已，但是我每次遇到跟他相似的人时，都会想起他。"

一发不可收拾。

06

第二天我就带着那只旧旧的宝矿力瓶和那张发黄的海报回了上海。我的青春期哪里没有故事呢？只是我自己装作没有看到而已。

有遗憾也有甜蜜，这就是青春了，虽然我们都回不去了，但是在平行时空里的我们，也许会有一个不错的结局啊！

我迅速地写完了剧本，然后拿给制片人看。等到电影上映，已经是一年以后的事情了。

电影上映的时候，我在斯里兰卡的茶园里喝茶，有不少国内的朋友给我发消息说，这部电影在各大网站上的评分都还不错，我才如释重负般松了口气。

谁都在青春期里喜欢过觉得完全不般配的对象，当然这些感情大多数都无疾而终，可是那些人的存在，却是支撑我们度过青春期、让我们变得更好的动力。

到现在我才终于明白，我开始选择跑步，并不是为了减肥，也不是想缓解中年危机，只是在我年轻的时候，有一个我喜欢的男孩，用他笨拙的温柔，陪我跑了一段路，我觉得用这种方式，可以骗骗自己，只要我一直跑下去，他就会一直在我身边。

看到夏河山朋友圈更新的时候，我愣了一下。

他发了两张照片，一张是电影的宣传照片，男主角身上贴着一张宣传海报，另一张是他们一家三口在电影院的合照。

不知道他有没有在看电影的时候注意到"编剧周冉冉"这五个字，不过这都不重要了。

至少，曾经在我心里绚烂过的那个人，现在好好地生活在这个世界上，继续带给他喜欢的人光和热，这样就足够了！

我的喜欢，就让它静静地留在平行时空的故事里吧！那里的他们，一定会有一个不一样的结局。

居酒屋的少年

输掉的人要答应赢的人一件事。

你愿意跟我一起慢慢变老吗?

01

我是在居酒屋吃饭的时候，注意到那个男孩子的。

我的座位正好可以观察到门口的人的一举一动，所以当楼梯上响起一阵急促的脚步声时，我不自觉地就把目光锁定在了门口。一个穿着白衬衣的男孩子掀开门帘出现了，伴随着一声"对不起"一同出现的，还有他那个近乎夸张的九十度鞠躬，朝着那位一直在等他的朋友。

"真的很抱歉路上堵车了，让你等了这么久。"

迟到其实是一件小事，几乎没有什么人在意，但是我却被对方的这个点所吸引，总是忍不住把视线落在他身上。

笑起来很大声，给人一种爽朗的感觉；说话语速不快，非常有礼貌的样子。我忽然有一种，全世界都陷入爱河的感觉。

我偷偷地拿出手机看了一眼今天双鱼座的恋爱运势，五颗星，好运指数爆表。

在全世界众多人口当中，遇到喜欢的人的概率是几十亿分之一，能在这么小的概率当中遇到一个自己喜欢的人，我不禁打心底里感谢上帝。

对面的话题也从"对中国有什么样的印象"一路跟进到"有没有女朋友""喜欢什么样的女孩子"上。因为太过于专心听对面的聊天，我根本没有注意到我的朋友在寿司上挤了一大块芥末，就将寿司一口吞了下去，直到口腔被芥末的辛辣味填满我才意识到朋友的恶作剧。我赶紧端起杯子喝了一大口水，却清楚地看到，男生摸着鼻子，朝我笑了一下。

就在这一瞬间，我感觉我的心脏跟大脑都缺氧了。

总之，还没有等我反应过来，我就冒冒失失地冲到了男生身边，特别郑重地问了一句："你好，我可以加你的微信吗？"

男生可能被这种突如其来的状况给吓到了，在手机屏幕上点了半天都不知道怎么弄，最后干脆把手机放在了我的手上。

不知道为什么，这个有点笨拙，但是似乎很相信我的动作，让我对他的好感度又多了几分。难道不怕我是个骗子，拿着他的手机就跑吗？

回家的路上，我一边蹦蹦跳跳地哼着小曲，一边想着，有喜欢的人真好啊！

大概是太开心的缘故，我感觉天上的星星都在向我眨眼睛，鼓励我恋爱。

恋爱，才是少女们的战场啊！

02

我以想请他教自己日语为借口，要了他的联系方式。

作为一名学生，当然是要沉迷于学习，所以我赶紧上网买了一套日语学习教材。想到能跟他一起沉迷，我便莫名的有点小开心。

在微信上跟他确定了学习时间以后，我忍不住想自己要穿什么衣服去比较好呢？小裙子会不会太少女了？牛仔裤会不会又太男孩子气呢？我把衣柜里的衣服全部摆在床上，挑来选去，也没有选到合适的。

第二天我随便套了一件条纹 T 恤，到约定的地方却发现，我们撞衫了。

他也穿了一件条纹 T 恤，同样套了一件简单的针织衫，我们走在一起，看起来有点像情侣。一瞬间我就被"情侣衫"这三个字羞红了脸。

虽然我没有系统地学过日语，但是一直看日漫，对日语还是稍有接触的，学起来也比较容易，给我上课的时候，青山一直在夸我。

我把教材跟笔记本都拿出来的时候，男生犹豫了一下，从包里拿出来了一个好看的本子说："这个，送给你，当作刚认识的礼物。对了，我还不知道你的名字呢？"

"苏杭。上有天堂，下有苏杭，你知道吗？这充分说明了我可是个了不得的宝贝哦！"我笑嘻嘻地给他解释，也不知道他听没听懂，只看到他脸上绽放出一抹笑容，我感觉自己的心跳又要漏拍了。

"青山孝行赠苏杭。"

大概是日语中也有汉字的缘故，感觉他写出来的字比我写得还要好看。

"送给你的，好好使用哦。"

我小心地把本子收在包里，喜欢的人送的东西，我怎么可能使用啊，这肯定是要收起来当传家宝，留给下一代的。

课程结束了以后，我们坐在奶茶店里喝奶茶聊天，我这才知道他正在上大学，是交换生，来中国交换学习一年。

我用自己灵光的大脑思考了一下，他好像去年来的中国，似乎再有两个月的时间，他就要离开了。

两个月的时间也能发生很多事啊！

比如说我跟他的关系变得很亲密，又比如说，他回国后很快就会忘记我，那个曾经在居酒屋跑去问他联系方式的人。

想到这里，我突然间伤感了起来，原本很喜欢的奶茶也不觉得甜了。

大概是察觉到了我的不开心，他突然用生硬的中文说："不如我们来比赛看谁先喝完这杯奶茶吧，输的人要答应赢的人一个要求。"

"好呀！"

虽然青山让我先喝了五秒，但是他并没有让我赢，他说："苏杭，你输了哦！"

输了就输了，输给喜欢的男孩子，我认。

从那以后，只要周末有时间，我就会去找青山学日语。我也终于从五十音图都认不全的日语菜鸟成了能简单看懂日语的小菜鸟。

我们一起去看搞笑电影，一起在游乐场玩过山车，一起看烟花，虽然我没有成功地成为青山的女友，但是在青山关于中国的记忆里，我应该也是不可磨灭的一部分吧！

而此时距离青山回日本的时间也越来越近了。

03

青山回日本那天，我去机场送他。

在出租车上，青山一直问我："苏杭，这会不会是我们最后一次见面啊？"

"不会啦，日本很近啊，坐飞机也就几个小时而已。"我装作毫不在意的模样，开心地回答他。

"你要来日本玩哦，我带你去北海道看雪，《情书》你知道吧？"

"我有机会也会来中国玩的，我们去四川吃正宗的麻婆豆腐好不好？"

我本来一直都沉浸在伤心的情绪当中，但是听到麻婆豆腐又忍不住笑了："你都不吃辣，吃微辣可不行哦！"

下车之后，青山站在车门口，歪着头朝我笑，就好像平时上课我迟到的时候那样。可是这一次，我们在这里道别，日后应该真的没有什么机会再相见了吧！

"来，抱一下吧！"青山张开双臂，把我圈在他的怀抱当中，"好好学日语哦，八嘎！"

我强行忍住眼泪没有哭："那你中文不要退步啦，笨蛋。"

直到青山的身影消失在我的视线内，我都不知道，当时他说的，输的人要答应的条件是什么。

大概因为不知道，所以才会想去努力，想要有一天可以理直气壮地出现在他面前，问他："我才不是想见你，我只是想要知道你曾经让我答应的事情是什么。"

在这之前，我只能带着与青山一起走过的回忆，努力地生活着。

04

青山回国以后，我们几乎就没有什么联系了。

他也不怎么使用微信了，给他发消息也一直没有等到回复。一开始我还会期盼他哪天学习不忙时会回复我，到后来我就已经完全不在意这件事了。

原本我就只是从他的人生中路过的人而已，我没有必要给自己加那么多戏。日语的学习我没有落下，反而成了一种习惯，好像只有在学习日语时，我才能感受到青山不是我捏造出来的人物，他讲话的语气，他笑起来的样子，都会在打开日语书的时候出现。

只有努力，才能不忘记他。

参加完日语能力考的时候，已经是冬天了。

我忽然意识到圣诞节就要到了，正在纠结买什么礼物送给自己比较好的时候，手机突然响了起来。

"恭喜你参加完日语考试，圣诞节就要到了，我给你买了一份圣诞礼物，记得接收哦！"

平白无故消失了这么久，突然冒出来说什么圣诞礼物是什么意思啊？我憋着一肚子的气，噼里啪啦地发了一大段文字过去，手机却陷入了死一般的沉寂当中。

难道是这段时间他没有学中文，看不懂？

我盯着没再闪烁起来的手机屏幕，心中一直在想：不知道会收到什么样的礼物。

圣诞节那天，我一整天都盯着手机，不知道青山会不会突然联系我。

到了晚上十点多，我都没有收到任何消息。

我刷完牙，正准备睡觉的时候，手机突然亮了起来。

"苏杭，你睡了吗？快递到楼下了哦！"

"那我现在去拿吧！"我披上外套，踩着拖鞋就下楼了。之前对于青山的埋怨突然间都消失了，我什么都不奢求了，只要他在我的世界里就好。

隔着单元楼道的玻璃门，我隐约看见一张熟悉的面孔。

大脑跟身体此刻都已经停止了运作，我愣在那里不知如何反应。

"八嘎，开门啦！外面超冷的。"

我急急忙忙打开门，还没有来得及说什么，就跌入了青山的怀抱当中。

"终于见到你了。"

"为了见到你，我真的超努力。"

"为了重新来中国，我申请了外派的公司，这大半年都在进行培训，所以才没有跟你联系，害你担心了。"

"你还记得，我们喝奶茶时说过的，输掉的人要答应赢的人一件事吗？"

我在青山的怀抱里，用力撞了下他的胸口，当作是点头。

"我们在一起的话，应该会很开心吧！要不要一起慢慢变老呢？"

能在圣诞节见到喜欢的人真是太好了，不用一直互相怀念真是太好了，今后还能一起嘻嘻哈哈经历人生里更多的事情真是太好了，为了对方互相努力真是太好了，能遇到青山真是太好了。

我伸手紧紧地抱住了他，说："どうぞよろしくお愿いします（请多关照）。"

你知道我知道
你不爱我

相差八岁不是问题，距离八百公里也不是问题，只是他们的爱意微薄，所以一切都成了问题。

01

邱于珈第一次听到"所爱隔山海,山海不可平"这句话的时候,心里生出了一种强烈的震撼。那个时候的她还深陷在一种"爱而不得"的状态中,只觉得,隔着千山万水爱一个人,实在太需要勇气,也有太多的未知数。

大概是被这种悲伤的氛围所笼罩,她坐在电脑前用龟速敲完了一篇文章,投给了一家杂志社。

"如果这篇稿子过了的话,那我就去找他,结束这段暗无天日的感情。"她在心里暗自发誓,能不能过稿、能不能拿到稿费就成了她对于这段感情的赌注。如果侥幸过稿的话,说不定有了第一次写稿就过这股神秘力量的加持,这段不抱希望的感情会有意外的惊喜。

反正要么接受,要么拒绝。

过稿消息传来的那一天,邱于珈正在甜品店学做巧克力。手机震动了一下,惊得她手一抖,巧克力就倒多了,原本按照计划应该变成一个爱心形状的巧克力,此刻看起来稍微有点面目可憎。

所以说人不要轻而易举地给自己许下什么承诺,说什么达到一件事就去做另一件事的帅气话。一件事成功的概率很大,但是两件事都成功就需要运气了。

等到她回过神来的时候,她已经下了大巴,提着自己做出来的奇形怪状的巧克力，站在了翟远森公司的门口。她在网上搜到了他们公司的地址，却不知道他们公司所在的大厦正对着大海。邱于珈站在海边，看着对面翟远森工作的大楼，开春的时候天气还没有暖起来，海风呼呼地刮着，冻得她忍不住跺脚。

"如果下一秒出现在我面前的是一个男人，我就给翟远森发消息。"

"如果再下一秒出现的还是一个男人，我就给翟远森发消息。"

被神秘力量加持的喜欢是无比盲目的，可以让人下了飞机，又坐四个小时的大巴，跋山涉水，只是为了见一眼悄悄喜欢的人，给他送情人节巧克力。

邱于珈在脑子里迅速过滤了一句朋友说的话："哎，不成功便成仁，不接受你就把巧克力砸他脸上。"

但是人生苦短，连随随便便写的稿子都能被人认可，说不定精心准备的告白，也能被人接受。

邱于珈在冷风里站了两个小时，终于在冻得快没有知觉之前，颤抖着按下了发送键。

"我在你们公司楼下。"

她跟翟远森是大学同学，只不过大学毕业以后，大家各自回了老家。这还是她第一次坐这么长时间的车，等到翟远森出现在她面前的时候，她原本的担忧和疲惫全部都消失了。

朝着她走过来的是记忆里未曾消失过的那个人，只是眼镜的边框由原来的黑色变成了玳瑁色，之前他经常穿的 T 恤换成了衬衣而已。

"我给你送巧克力。"邱于珈把纸袋塞到他手里，他并没有拒绝，粉红色的小纸袋在穿着正装的翟远森手里，有种微妙的感觉。但是邱于珈还是非常开心的，毕竟自己也算勇敢了一把，传递了自己的心意。

　　有的时候，人的勇气总是被一些无意识的行为点亮，对方没有拒绝自己的情人节巧克力，是不是表示对方也有一点点喜欢自己呢？邱于珈当时并不知道，对于男生来说，喜欢的标准可以低很多，跟一个勉勉强强能凑合的人走一段，也可以打发掉漫长人生路上的无聊。

　　所以在一起的话，又有什么不可以。

　　翟远森又不蠢，一个女生，大老远跑来，出现在他的公司楼下，只是为了给他送巧克力，心意已经很明显了。所以那句"我喜欢你，可以跟我在一起吗？"说出口，只是时间的问题。

　　"我去拿一下我的包，你在这里等我一下。"

　　邱于珈站在大厦门口，一颗悬着的心终于落下来一点。这就是他工作跟生活的地方啊，此时的翟远森不是大学里那个无法触及的同学，也不是远在八百公里外的那个人，他真实地存在在她的身边，他们正看着同一片海，呼吸着同样的空气。

　　翟远森上去拿了东西以后，带着邱于珈去酒店开了两间房。

　　"我就住你隔壁，你要是害怕或者有事随时可以找我。"他帮邱于珈把东西拿到房间里，笑着嘱咐她。

　　邱于珈点点头，再一次被翟远森这种绅士又体贴的做法给感动了，一开始她就是因为他的温暖体贴而注意到他的。对一个人的喜欢总是能让人蒙蔽自己的双眼，所以邱于珈才会忘记，她亲手做的巧克力被翟远森随手扔在了酒店的桌上，直到他们退房离开的时候，它都一直留在那里，并没有被打开过。

一开始就注定了被放弃的结果，再耗多久，都只是相同戏码的加场演出而已。

在翟远森的老家玩了两天以后，邱于珈坐火车去 A 市再换乘高铁回家。来之前，朋友们就说过，巧克力送到就可以了，大家见了一面在这边玩了一会儿就可以了，千万不要告白。

翟远森给她买了很多海边的特产，大包小包全部塞到她手里的那个瞬间，她突然觉得，要是这么走了，以后她可能再也见不到翟远森了。离别的情绪来得太凶猛了，他们之间隔着八百公里的距离，此刻翟远森的身边站着的是身为普通朋友的她，谁知道哪天他就喜欢上别的人了呢？机会就在自己眼前，怎么可以不好好把握？她脑子又没有毛病！

"我喜欢你，想跟你在一起。"

邱于珈计划了很多种表达喜欢的方式，既有"下次我们一起去赏月吧"这种夏目漱石式的，也有"我不喜欢全世界，我只喜欢你"这种言情小说式的，可是没有想到最后说出口的却是最普通的一句"我喜欢你，想跟你在一起"。她只有一些普通的心愿，比如希望站在他身边的人是自己；希望夏天散步的时候，跟自己一起吃红豆冰的人是他。

翟远森朝着她笑了一下，说："我可以考虑一下吗？"

回家的路上邱于珈并没有特别开心，她觉得当一个人的真心用"考虑"两个字来衡量的时候，似乎距离失败也不远了。

没有到那种喜欢到立马答应的程度啊！

下了高铁以后，她就接到了翟远森的电话，他说他一个星期以后要来 C 市。

"……"所以呢，要来 C 市又怎样？

"希望我的女朋友到时候可以来接我一下。"电话那头的声音里带着一丝笑意，就算隔着好几百公里，邱于珈都觉得，甜蜜似乎蔓延得太快。那一句"希望我的女朋友可以来接我一下"，就好像是荒原上的一点小火光，一下子让她的世界燃烧了起来。

02

"说不上多喜欢，但是不讨厌的人，也能试一下"，这是翟远森对于感情的态度。但是不讨厌跟喜欢之间的距离也差了太远了，是怎么努力都赶不上的。

不拒绝主动靠近的事物、不追寻消失的事物是翟远森的人生准则。而邱于珈只觉得，趁着年轻，喜欢就要拼尽全力去争取，山海总是会被自己给填平的。时间不是距离，身高不是问题，她跟翟远森之间，既没有几个小时的时间差，也没有相差三十多厘米的身高差，他们只要战胜这几百公里的距离，大概就能修成正果吧！

话是这么说，邱于珈其实也没有太多的信心。她擅自抱着被拒绝的态度去找翟远森，却没有想到意外刮到了一个"在一起"的一等奖，只是他们之间的直线距离超过八百公里，只能通过手机联系维持的爱意，能顺利跨越这八百公里的距离，抵达彼此身边吗？

"你是以结婚为前提在跟我交往吗？"

听到翟远森说这句话的时候，邱于珈正在楼顶看夕阳，电话那头的男声低低的，带着几分正经。

"啊，这个……"

当然是认真的，如果能走到最后当然最好了，邱于珈犹犹豫豫的态度，更多的是对自身的不确定。你一旦喜欢一个人，就会不由自主地陷入一种怀疑当中——这样的我，平凡又软弱的我，值得他在自己身上绑定一生吗？她能确定自己对翟远森的喜欢，却不确定，翟远森跟她在一起，不会后悔。

"你要知道，有的时候爱可以战胜很多事情。"电话那头的声音传到邱于珈的耳朵里，让她感受到一种坚定跟相信。她点开翟远森所在的城市的招聘网站，觉得是时候为这份感情再主动一点了。

邱于珈一开始就跟翟远森说过，只要他朝自己走一步，剩下的九十九步她都会朝他迈过去，现在他都主动邀请她去这场长跑的终点看一下了，她又有什么理由拒绝？

可是邱于珈却忘记了，他们已经不再是单纯可爱的大学生，在一起只要互相喜欢就行了。成年人的恋爱就像一场"勇者斗恶龙"的游戏，会遇到各种各样的关卡，打败了两个人之间飘忽不定的感情、偶尔出来的闹心前任，以及父母的反对等，这场游戏才能顺利通关。

秋天的时候，邱于珈坐飞机再转大巴去找翟远森。到达 L 市的时候，上一次见面时穿着白衬衣的男生，此刻身上套着松松垮垮的卫衣，头上还戴了一顶灰色的帽子。

　　大概是因为每一次见面都要经历漫长的等待，在一起的时间又很短，所以眼睛跟大脑就承载了更多的责任，每一次见面的细节都像是一份完美的复制品一样，事无巨细，都被刻大脑里。

　　是在两个人逛超市的时候遇到翟远森的父母的。那个时候他们两个人在饮料柜前打打闹闹，翟远森指着饮料瓶上的"傻人有傻福"呵呵地笑："你就是这个傻人，所以才能跟我在一起。"

　　邱于珈佯装生气，拍了翟远森一下："你才傻！"翟远森一下没有站稳，手里的饮料骨碌骨碌地滚了出去。

　　"好好好，我傻！"翟远森一边去捡往前滚了好几米的饮料，一边念叨着。

　　这样的场景太日常了，日常得就好像每天都在发生一样，普通得不能再普通，一起逛超市、一起走路、一起讨论晚上吃什么。邱于珈觉得，这样一直下去也不错啊，两个普通人的平凡生活，虽然不会有多么大的出息，但是跟自己喜欢的人在一起，肯定很快乐吧！

　　拿起饮料的翟远森却突然神神秘秘地走到她的身边说："我在超市看到我爸妈了。"

　　毕竟是远距离恋爱，所以也没有打算过早地见双方父母，对于未来的规划，两个人也还在磨合当中。此刻的邱于珈就像原本是去打酱油的考生，主考官却觉得她很不错，要把她单独拎出来做报告一样。

　　匆匆见面的两三分钟，她只喊了一声"叔叔阿姨好"，翟远森的父母就说赶时间先走了。邱于珈开始心神不宁，买完东西后她掏出小镜子照了一下，因为刚来这边有点过敏，脸上都是红红的小疙瘩。

"完蛋了，太丑了，你爸妈肯定不喜欢我。"

翟远森笑着敲了下她的头说："我喜欢就可以啦！"

是啊，恋爱是两个人的事情嘛，只要互相喜欢就好了，脸上过敏又不是什么大问题，没有什么好怕的。只是时间会变，人的感觉会变，一开始觉得可以战胜的问题，到最后也有可能变成无法解决的难题。

03

回来以后，翟远森还跟邱于珈描述过他父母眼中他们在一起的场景。

"你不知道，今天出去散步的时候，他们还在模仿我们，我妈跑过去拉着我爸的手，然后就在一旁笑，说我们前几天就是这样的。"他的声音里带着笑意，听得邱于珈也跟着开心，这些没有跟他在一起度过的时间她都祈祷着时间走快一点，再走快一点，这样她就又可以出现在他身边了。

"不过我妈说，那个女孩子脸上的痘痘好像跟她一样多。"

"我那不是长痘啦，是过敏，是过敏。现在已经消了，又是你可爱的宝宝了。"邱于珈从床上爬起来坐到了镜子面前，回来以后过敏的痕迹就全消失了，此刻她的脸上光洁无比。

"我也是这么跟他们说的啦。说了我喜欢就好，希望你能早点到我身边来，以后我就可以带着你一起跑步，每天都可以见到你了。"

来自男朋友的肯定总是让人无比心安，大家幻想的美好未来也让人无比期待，所以八百公里算什么，暂时不能陪在对方身边算什么，只要自己努力，总有一天，可以站在他身边，陪着他从朝霞到日落。恋爱里的人总是天真又愚蠢，明明从小就是一个悲观主义者，知道世间好物不长久这个道理，却还要在这里冒充一个乐观主义者，觉得他们是天生一对，是可以一直走下去的。

世界上美好的事物大多不长久，爱情也一样。度过了热恋期，不再佩戴"喜欢"这部柔光相机，所有的缺点跟坏毛病便全部被摊在眼前了。

争吵来得毫无预兆，邱于珈甚至不知道他到底为了什么在生气。

某一天，翟远森又提到了那个"以结婚为前提交往"的问题，问她怎么看。在一起一年多了，邱于珈觉得，这个人意气风发的样子她见过了，狼狈不堪的样子她也见过了，但是不管他是什么样子，她都没有动过离开他的念头，也不会因为他的狼狈跟出丑而嫌弃他，既然这样了，那是不是表示可以跟这个人一起走完人生的路。

她笑嘻嘻地在屏幕上敲下自己的回复，还打算跟他计划接下来的人生，可是收到的回复却让邱于珈不明白——"我那只是安慰你的。你都没有发现我最近对你总是忽冷忽热的吗？我每次跟家里提到你，换来的都是一顿争吵，他们都觉得你不好看，我不希望我每次和父母提到我的女友都要吵架，生活已经很累了啊！你说你要过来这边工作，你知不知道这让我压力很大？"

"你知道不知道，所爱隔山海，山海不可平？"

"你长得又不好看！"

"我喜欢你什么呢？"

"你是我的压力，不是我的动力。"

"跟你吵架的时候我都懒得哄你，你心里没有点数吗？"

"虽然不知道为什么，但是我感觉我们之间的距离越来越远了。"

这些句子，一直在邱于珈的脑海里重复浮现着，她企图从这些句子里找出些什么，哪怕找到一点点的爱意也好啊，是不是所有的爱，都只是骗人的啊？

她甚至都不知道，为什么自己会让他觉得有压力，一开始说希望她过去的是翟远森，现在觉得她去到他身边是一种压力的也是他，那她要怎么做才是正确的？她不知道。"所爱隔山海，山海不可平"是没有错，可是现在，他们之间隔着的不是省与省之间的八百公里，而是心与心之间的八百公里。

高铁也好，飞机也好，若是想要见一个人，都用不上一天的时间。物理距离很容易拉近，但是两颗心的距离不一样，这八百公里是要穿行多久，才能把自己内心的想法传递给他？她迫切地想要知道一个答案，甚至在一些答题网站上认认真真地搜索有同样经历的人的解决方式。可是她知道，不管是搜到成功的案例，还是失败的经验，最终能解决这个问题的人，只有翟远森，重要的是他的态度，而不是她。

爱真的能跨越山海，抵达对方身边吗？那一瞬间，邱于珈犹豫了。

那一年的春节是邱于珈过得最不快乐的一个春节，每天晚上等家里人睡了之后她就坐在房间里一边看综艺节目一边哭。她毫无办法，如果翟远森就在自己身边，她或许可以假装生气地走到他身边，说："你到底要怎么样啦？！"然后伸手抱一下他。

可是他们相隔八百公里，只要对方不看手机，不回复她的消息，她所有的担心、不安、不满、纠结都无法让他知道。原来在感情里也有这么无奈的事情啊，你可以为了对方去移山倒海，但是对方却不需要你做这些。

他只是觉得，你是他的负担，阻碍了他的飞翔。

那就放手让他去飞好了，邱于珈心想。如果是这样，那就给他他要的空间和自由，她走开就是。反正不管分开还是不分开，所有的坏情绪都只有她自己一个人去消化，到现在，还去想这些已经根本没意义了。

那就让他去找他的自由吧！

04

邱于珈一直没有提过，她其实已经在 L 市找好工作了，年后在这边一辞职，她就能去到翟远森的身边了。工作都已经联系好了，她给对方的 HR 发了消息委婉地表达了不会再过去的事实。

"怎么了呢？之前不是说得好好的吗？"

面对 HR 的问题，她只是笑了一下。能让她跨越山海的理由已经不存在了，再过去也没有什么意义，反倒会让对方觉得厌烦！

情人节的时候，一个人在家有点无聊，邱于珈找了偶像剧来看，里面的男主角比女主角小了八岁，女主角犹豫了很久，但是最后还是决定跨越八年的时间线。

"你只知道 8，上下两个圆，没有交集，但是把 8 横过来，就代表无极限了，一切都有可能的。"

是啊！一切都有可能的，八年根本不算什么，八百公里也不算什么，两个人只要互相喜欢着，就有勇气去战胜这些外界因素。而不是像她这样，对方被迫配合着她的喜欢，只是为了打发无聊的时间，所以才会拥有那么多的借口和理由吧！

因为翟远森并没有那么喜欢自己，所以长得不够好看是一个问题，距离八百公里是一个问题，就连自己的存在，都成了让对方厌恶的点。

到底是应该后悔太喜欢他，还是应该后悔没能在这一段感情里，让他更加喜欢自己？邱于珈没有答案。

但是她知道，如果真的喜欢一个人，是不会在乎被山海所阻隔的。

电视剧里的女主角，接受了男主角的告白，激动得哭了起来，邱于珈坐在沙发上，想到了自己这段无法跨越山海的恋爱，终于哭出了声。

恋爱导师

当他们习得了恋爱的技巧，转身就抛弃了那个带他们离开等候席的人，这就是男人最狡猾的地方啊！

01

赖念真约我见面的时候，我正生着病，躺在家里看偶像剧，里面的男主角按照传统的故事戏码喜欢上了一个平庸的女孩。

"我谈恋爱了。"

赖念真一年要谈很多次恋爱，每一次失恋跟恋爱她都会喊我去吃冰激凌。我摸着我的肚子，回想了一下，上一次吃冰激凌吃到拉肚子是什么时候的事情。

朋友就是这样，不管是她吃火锅我吃火锅底料也好，还是陪她吃膨膨冰拉肚子也好，只要赖念真找我，我就会第一时间去陪她，这就是朋友。但是她的恋爱，我一贯不看好。

每个人都有自己独特的标准，有的人偏爱帅哥，有的人却觉得戴眼镜的男生很酷，还有的人喜欢高个子男生。恋爱的标准都依据自己的喜好来定夺，可是赖念真却是我见过的最奇怪的女生，她的恋爱对象，都是那些丝毫没有恋爱经验的人，说得好听点，是一张白纸，说得难听点，算了还是不说了。能够接受一年四季都是格子衬衣、黑色双肩包、一条牛仔裤，以及一双棕色巴洛克风格皮鞋的男生，想来这个女生的品位也是很独特了。

而我，竟然还是这个品位独特的女生的朋友！我关掉电视机，看了一下赖念真发给我的冰激凌店的地址，好像离我家并不远，我换上鞋子慢悠悠地走过去也不会晚。

刚到店里面，我就看到了背对着大门坐着的赖念真，她那一头肆意生长的头发很是打眼，乌黑发亮的，是偶像剧里面的女主角才会有的那种海藻般的长发。在我眼里赖念真是一个非常好看的女孩，对于青春期里就跟她成为朋友这件事，我一度非常有压力。

　　她身边坐着一位有点拘谨的男生，他穿着红黑格子衬衣，耳后露出一截黑色的镜框。我就知道，她这次的恋爱对象也是这种毫无恋爱经验、不会打扮自己，甚至不会宠爱女生的人。我踩着拖鞋，步伐间突然有点气势汹汹的意味。

　　赖念真是不是忘记了，虽然之前的恋爱对象都是些毫无个性的平庸男人，但是每一次她都是被这些平庸男人给甩掉的。

　　她不心疼自己，我都替她心疼。

　　"汤汤，这是我的男朋友，陈见宥。"

　　面对赖念真的介绍，男生只是尴尬地抬起头，朝我笑了一下，我这才有机会看清他的脸。他的五官算不上特别精致，但是也勉强看得过去，只是他鼻子上架的那副眼镜，镜片都有啤酒瓶厚了吧，俨然一台指纹收集器，也不擦一下。

　　倒不是我挑剔，恋爱者本人都不挑剔，我作为一个旁观者确实也没有资格说什么，我只是不懂，为什么赖念真要把大把的美好时光浪费在这种人手里，她的条件明明那么好，根本犯不着跟这些凡人一起经历恋爱的苦。

　　"汤汤，你想吃什么甜点呀？"赖念真把菜单递给我。

　　一旁的男生看着菜单说："这些甜品我都没有兴趣，你们吃吧，我就不吃了。"说完他就把菜单合上，拿出手机点开游戏开始玩。

我虽然见过有的人因为一开始不太熟，所以无法融进女友的朋友圈，但是这种一开始连尝试都不想尝试一下，直接选择放弃的人，我还真是头一次见。

　　赖念真要了一份抹茶红豆冰，准备去点单的时候，我拦住了她，对那个男生说："你好，念真要一份抹茶红豆冰，我要一份草莓冰。"我用手指点着菜单上的图片，"这两个，别记错哦！"

　　男生愣了一下，转而才明白我的意思，他脸上露出一丝不快："我就要团战了。"

　　我才不管你要不要团战呢，我继续用手指点着菜单上的图片，男生这才恋恋不舍地站起身，拿着手机跟菜单去吧台点单。

　　"赖念真，你搞什么鬼？这种人你也跟他谈恋爱？"

　　"汤汤，他也有可爱的地方啦！你不要戴着有色眼镜看他。"

　　俗话说情人眼里出西施，我能理解，可是我真是恨铁不成钢啊："拜托，这个男生又是哪里可爱了，让你一定要跟他在一起？先不说他应不应该主动去点单，争取给你的朋友留下一个好印象，就说打游戏这件事，就算女孩子的话题无聊他不感兴趣，那也不能第一次见面就打游戏吧！"

　　赖念真却双手撑着下巴，一脸花痴地说："他没有谈过恋爱，不懂这些，汤汤你不要这样说他啦！他还是很可爱的。"

　　我盯着那个在吧台点单的背影，一只黑色的双肩包背在背后，衬衣下边还露出一截白色的 T 恤，牛仔裤也不知道穿了多少天，一副皱巴巴的模样，最让人生气的就是他脚上那双巴洛克风格的皮鞋，就连科林费斯都知道穿西装的时候不选巴洛克的鞋子，他到底是哪里来的勇气用一条牛仔裤去配巴洛克的雕花鞋？

"他吹笛子很厉害的。我上次路过他家楼下时听到他在吹笛子，很厉害的，我听他吹了半个小时。"

赖念真每次喜欢人的理由都很奇怪。上一次是因为那个男生在高铁上帮她放了行李箱；上上次是因为在她没有零钱买地铁票的时候，男生借了钱给她；再上次是因为什么，我都忘记了。一些稀松平常的小事在赖念真眼里就是对方可爱善良的表现，一点点的可爱，就能抵消那些人毫不犹豫地离开她时的痛苦。恋爱的力量真是伟大！

02

因为赖念真的这个在及格线以下的男朋友，我们一起并不愉快地吃了冰以后，我很久都没有跟她联系。我既感觉恨铁不成钢，又非常心疼她，我恨不得上演棒打鸳鸯的戏码亲手拆散了他们！跟这种男生在一起，有什么意义呢？虽然我这种躺在家里看偶像剧的死宅生活过得也没有意义，但是，我对好还是有见解、有追求的。

赖念真再打电话给我的时候已经是秋天了。

"汤汤，好久好久好久没有见面了，我们去吃火锅吧！"

没有什么事情是一顿火锅解决不了的，也没有一对闺密是可以被拆散的，我倒是特别期待吃火锅吃到一半时，赖念真假装被辣椒辣到，红着眼睛跟我说她分手了。

身为朋友，我当然希望她能爱情顺利、早日发财，但也正是因为身为朋友，我更希望她能尽快跟这种垃圾男断绝关系。世界上好看的、可爱的、体贴的男生千千万，赖念真啊赖念真，你快睁开眼睛，不要再在这样的人身上浪费你的时间了！

一两个月没有见，赖念真好像又漂亮了，在火锅店的暖黄色灯光下，穿着白色针织衫的赖念真简直就是一个软绵绵的仙女。这是我在火锅店见到她时的第一感受。

"找我干吗？分手了吗？"

"汤汤你又开玩笑。"赖念真只是用手拨了下头发笑了一下，"没有分手啦！他等下也会过来一起吃饭的。汤汤你看看你喜欢吃什么，我们可以先点单。"

又要跟那个男生一起吃饭，天啊，早知道是这样的结局，我就不来了。

"你要晚一点点才能过来啊！好的，让我们先点菜哦，好的好的。"赖念真挂了电话，一脸甜蜜地看着我说："他跟以前不一样了，以前迟到就迟到了，不会打电话来说的。"

"怎样，迟到了打电话和别人说一下，难道不是基本礼仪吗？没有谈过恋爱才不是借口。"

"是想告诉你，他真的有在进步。我知道你觉得他不好，配不上我，但是他也在努力了。"

"你的人生，你开心就好了！反正，不管失恋还是恋爱，想吃膨膨冰还是火锅，我都会陪你的。"

　　每个人都有自己的人生路，我不能替赖念真做出选择，我也不能强迫她，我能做的就是：在她需要我陪伴的时候，坚定不移地站在她身边。

　　直到赖念真摇着我的手，我还没有回过神来，上次见面还邋里邋遢、打扮非常乡土的人，此刻却好像去韩国做了整容手术一样——一件白色的T恤搭了一件军绿色的夹克，下半身穿着一条黑色的裤子，裤脚卷得恰到好处，新百伦的鞋子也与一身的感觉非常契合，原本的黑框眼镜也换成了银边圆框眼镜，一脸斯文败类的禁欲感。

　　这大概就是赖念真说的，他的改变吧！

　　"好久不见了哦，汤汤！你现在还在看偶像剧吗？前段时间很多人都在推那部《请回答1988》。"

　　上一次还在强烈抗拒跟我们交谈、无聊到玩游戏的人，此刻却坐在我面前，笑嘻嘻地问我喜欢看什么偶像剧，真是太奇怪了。

　　"你有什么不吃的吗？没有的话，我就喊服务生点单了。"他指了指手里的菜单，又看了看我，"真真是不吃鸡肉，你呢，有没有忌口的？"

　　我被这种巨大的反差给惊到了，连忙摆摆手告诉他我并没有什么忌口的。

　　他点完单又指着配料区说："我去给你们调一下火锅蘸料吧！"

　　他刚离开座位，我就拉住了赖念真："你真的没有换男友？"我才不相信一个人的前后态度可以变化这么大。

　　"没有啦！我都说了他很可爱的，也有在改变。"

"原来韩国不止可以做外形上的整容，连脑子都可以改变啊！"我不由得感慨道。

"他没有去韩国啦！他之前没有跟女生交往过的经历，当然也不知道怎么跟女生朋友们相处啦！男生的话，穿衣服也很随便啦！但是只要稍微提点一下就好了。"

比起当一个什么都不会的男人的爱情导师，我更喜欢爱一个已经被打造好了的男人。我似乎没有赖念真那么善良、有耐心，能够一点点地指出恋人不好的地方，然后再温柔地带着他去改变，像我这种超级玻璃心的人，实在受不了没有恋爱经验又不会说话的人。这么说起来，我其实是很佩服赖念真的。

"好啦好啦，他有变化啦，我看到了。"虽然我的语气听上去有些不耐烦，但是我心里是真的替赖念真开心，我当然希望我的朋友能够开开心心地跟一个看上去既温柔又体贴的男生在一起。她这么可爱，当然值得被真心对待。

吃饭的时候，陈见宥也展现了他温柔体贴的一面。烫好的食材先夹给赖念真，然后再来询问我吃不吃；看到我们的饮料喝完了，也主动拿着杯子去续杯，还会提醒我们冰饮料太凉了，要少喝点；埋单的时候，也不再是坐在原地装瞎，看到我们都吃饱了，就赶紧拿着菜单去结账，末了还记得给我跟赖念真一人带了一盒口香糖："嗯，火锅蘸料里面有大蒜，你们这些小仙女肯定不喜欢这样吧！"

我嚼着他递过来的口香糖，觉得赖念真这一次的调教还是蛮成功的，这不就是万千少女梦寐以求的又懂事、又好看，还会说情话的理想男友吗？要不是我亲眼所见，我怎样都不会相信陈见宥能有这样的蜕变。

回去的路上，我们三个人一起走着，赖念真好像是刚拍完照回来，包里还背着笨重的摄影器材。

"这位男士，你都不帮你的女朋友背一下包吗？"我盯着赖念真的包，之前有帮她背过几次，里面的单反真的很重，上次还把我的背给硌紫了。

"但是我一个男生背女生的包好像不太好啊，感觉不是很搭。"

听到这句话，我就气不打一处来！这个人真是不可理喻，明明三个月以前还穿着邋里邋遢的牛仔裤，梳着一点都不流行的发型，现在竟然说帮女朋友提一下包跟他不搭？

"如果你硬要我背，我也没有办法啦！"他伸手要去拿赖念真的包，赖念真犹豫了一下，没有给他。

"不用了，我自己背得动。"

我跟赖念真坐地铁回家，而陈见宥坐公交车。在他的身影终于消失在我们的视线当中时，我忍不住吐槽："看来这次改变并不彻底呢！"

赖念真拿出地铁卡刷了一下，脸色平静地说："需要时间啦！"

"你为什么每次都会选择这些毫无恋爱经验的人呢？"我实在是不理解，世界上可爱的、好看的男孩子有千千万万个，为什么一定要选一个不会打扮自己、跟女生相处时情商低到可怜的人呢？

"你不会觉得很酷吗？把一个平凡无奇的人变成耀眼的人，发现他们的优点，改造他们的缺点，教他们怎样穿搭，教他们怎样跟女孩子说话，该送什么样的礼物，女孩子生气了要怎么哄，一步步将他们从不懂事的男孩变成人见人爱的温柔男生，我很享受这个过程。"

我实在无法赞同赖念真的观点，我们两个对于恋爱的观念太不一样了，我没有耐心，绝对受不了太直男癌的人，更别说调教他们了。男人最狡猾的地方大概在于，当他们一直坐在爱的候补席的时候，他们低调沉默装作一个老实的好人，而一旦有人牵着他们离开了候补席，带他们认识了爱的各种可能性，他们就转身逃离了，把那些学习来的技能用在另一个人身上。我不想把时间浪费在给别人调教男友这件事上，那些终究会离开我的人，我才不会告诉他们，他们的缺点在哪里，我巴不得他们因为那些缺点摔倒在人生的道路上，爬也爬不起来。

赖念真只是把背包换到前面来，朝着我笑了一下。如果可以的话，谁不希望自己的男朋友懂事又可爱，谁愿意吃这些恋爱的苦啊？！

03

看到陈见宥牵着别的女孩子一起逛博物馆的时候，我还是蛮惊讶的，他果然被我说中了，是一个狡猾的老实人。

那天博物馆重新开馆，我正好在那边玩，就打算去看看，结果刚到那儿就开始后悔了，长长的队伍，大概可以排到腿断吧，前一秒我还在吐槽怎么这么多跟我一样闲的人，下一秒就听到一个熟悉的声音。

"我们提前预约过了，所以不需要排队了，直接去登记就能进去了。"

我回头一看，果然，那个穿着白色卫衣牵着一个女孩子的就是陈见宥啊！他身上还挂着一只香奈儿的小包包，女生手里拿着一瓶饮料拧不开，他一把拿过饮料，笑盈盈地拧开递了过去。

给自己的女朋友拎一下包说觉得跟自己不搭，帮别人的女孩拎包开饮料就特别热情，还知道在网上提前预约不用排队，去博物馆约会又省钱又能展示自己丰富的学识，恋爱这门功课他还是学得挺成功的！

我趁着他们不注意，悄悄拍了一张他们的合照，发给了赖念真并迅速退出了博物馆前浩浩荡荡的长队，开始搜索哪里有新开的、好吃的冰激凌店。

我的朋友又告别了一个狡猾的男人，这种事情当然值得庆祝一下。

不过也许对赖念真来说，这不是什么坏事，毕竟她一手调教出来的男人，变成了她想要的样子，只是他们不甘于再待在她身边，而是要去征服星辰大海，去验证他们的所学。

又无奈又无法避免。

他们掌握了拥抱接吻的时机，学会了怎么哄生气的女孩子，可能也会在某一天，想起那个被他们用"我就是个没有恋爱经验，你说什么我都不懂"这种话伤害过的女孩吧！他们会不会也在那个瞬间对她心存感激，多亏了她的倾囊相授，他们才得以跟"爱情绝缘体"的自己告别，成为女孩子心中可爱的、可以去爱的人。

下一次我一定要拦住赖念真，不让她再去当别人的恋爱导师了。是时候享受一下被别人调教出来的完美男友了，赖念真小姐！

冷战

跟你冷战的恋人啊，就好像那只触碰不到的波斯猫，若即若离若隐若现，不会为你做任何改变。

01

恋爱中的女孩子都很敏感。

男朋友的一点点风吹草动，都能在女孩子心中掀起一场十级台风。

花花跟男朋友陷入了冷战，因为男朋友给另外一个女孩子发的精心 P 过的照片点了赞。

"好生气哦，我点进那个女孩子的主页看过，好多赞都是他点的，气死我了。"

花花小声嘀咕着，好像在劝自己，冷战是理所当然的，不是自己无理取闹。自己的男朋友老是给别的女孩子发的照片点赞是什么意思？花花拿过梳妆镜，将自己的长相跟照片里的女孩子的长相对比了一下，看着对方的双眼皮跟高鼻梁，花花愤怒地把镜子倒扣在了桌上。

没有联系的这几天里，花花突然觉得孤独了起来，跟男朋友在电话里吵了一架，男朋友觉得她无理取闹，然后两个人就陷入了冷战，花花想男朋友要是来哄自己，然后发誓不再给那些好看的小姐姐点赞，就原谅他。

可是盯着这三天都没有怎么亮起来的手机，花花一直在想，男朋友到底是上班路上被司机当成女孩子绑架了，还是晚上夜跑的时候掉到沟里了？为什么三天来没有一丁点儿消息。

在男朋友消失的这三天里，花花的体重又掉了两斤，睡觉前她随手把体重发到了朋友圈，一群女孩子都在喊，"瘦子去死！""瘦子不懂胖子的苦"。

花花笑了笑，正准备放下手机睡觉的时候，突然收到一条新的消息。特意给对方设置备注，也算是恋爱中的女孩子一定会做一件事。

"电子秤的话，平放在地上称出来的体重比较准，放在地毯上不准的。"

备注为"甜心 boy"的人发来的是这样的消息，消失了三天，没有提到冷战的事情，只是若无其事地说了一句"你那样称体重是不准的"，好像三天前那场冷战的主演是别人，跟他们没有一点关系一样。

"怎么又瘦了呢？不是跟你说了要你多吃一点吗？不听话。"

花花捧着手机扑哧一下笑出了声。

女孩子的冷战啊，只要男朋友稍微地撩一下，那些不开心跟不快乐就又变成了过眼云烟，好像昨天惹哭女生的是另外一个人，而那个心里暗自想着与其这样不如分手的想法，也被女生打包送到了外太空。

02

在地铁站见到男朋友的时候，花花正拿着手机问他在哪里。男友没有回复她，花花嘟了嘟嘴。

"笨蛋，这里。"

熟悉的声音在空荡荡的地铁站响起来，花花抬头看过去，男朋友正背着那只紫色的菱形格子包站在栏杆边上朝她招手。

预定的行程是去海边，花花也不太理解为什么大冬天的，他们要跑来看冬天的海。这座季节性旅游城市此刻荒凉得就跟一个待开发的小渔村一样。两个人站在海边，只能感受到冷冷的海风胡乱地往脸上拍。

比海风更冷的，大概是人心。

跟以前的出游不一样，男朋友明显变得容易生气了，全程都在不停地戳手机，回应花花的话时也心不在焉的。

"好冷啊，喝不喝饮料？"

"啊？哦，好的。"

花花跑去买饮料的时候，又看到男朋友站在远处戳手机。想到他这样手机不离手，晾了自己好几天，花花心里的小恶魔就又开始蠢蠢欲动。

"去不去蹦极？"男朋友指着前面的蹦极台，眼里终于有了一抹光彩。

花花怕鸟，看到尖嘴有羽毛的生物就忍不住要躲，但是看着男朋友跃跃欲试的样子，她不忍扫兴，便点了点头。穿过走廊走向蹦极台，花花觉得仿佛走了一个世纪，中间有海鸥绕着蹦极台盘旋，有好几次花花都以为海鸥要撞到自己身上了，忍不住四处躲，男朋友见状，笑着说："你这么大一个人，真的这么怕鸟？你不觉得它们很可爱吗？"

花花把插在口袋里的手攥得紧紧的，企图用这样的方式给自己加油鼓劲。

在那个瞬间花花确定，他可能没有那么喜欢自己了，她面对的是自己最害怕的事物，他却没有握住她的手，明明之前他都会小心地走在树下，看到有鸟的地方就拉着她走远。

因为紧张跟害怕，一直插在口袋里的手都出了汗，花花站在广场上看男朋友大声地给朋友打电话，吐槽着这次海边之行。花花心里的台风又升高了一个等级，不仅有台风，还伴随着地震、泥石流，名为"喜欢"的这座城池，在外力的侵蚀下，稍微动摇了一点。花花伸手拉了拉围巾，只觉得傍晚的风，更大了。

既然手机这么好玩，那为什么还要谈恋爱呢？

03

恋爱中的女孩子，第六感都特别准。

从海边回来以后，花花跟男朋友就陷入了一种尴尬的境地。花花觉得，可能这是自己跟男朋友最有默契的时候，你不联系我，我也不联系你。

一种冬天永远不会过去的感觉笼罩着他们，他们的对话逐渐减少，一整天下来就只有睡前说过一句毫无营养的晚安。刚开始花花还心急如焚，没有男朋友的消息时就好像被猫抓了一样，对方越是不理她，她越凑得紧密。事无大小，一一汇报，只是微信也好，电话也好，短信也好，那个红色的"1"的标志从来没有出现。走在外面听到手机铃声，花花条件反射般第一时间打开手机，手机屏幕上什么都没有，有的只是身边的人掏出手机停下来打字，边走边说话的景象。

男孩子主导的冷战，开始由着他们，结束也得由着他们，女孩子只能等。等的时间久了，也就习惯了。

花花躺在床上刷微博，在热门微博下面看到一个话题——什么时候发现男朋友有分手的预兆。

"你想跟他好好说话，他却劝你早点睡觉。"

花花苦笑了一下，这不就是自己跟男朋友的写照吗？

可是他是自己喜欢的人呀！谁能对喜欢的事物装作视而不见呢？有的人啊，你就是舍不得对他心狠，刚吵完架，下一秒却屁颠屁颠地滚过去。

"你最近很忙？"斟酌了很久，最终还是装作不太在意的样子询问起来。"想你了"这三个字卡在手机屏幕上不敢发出去，花花想了想，还是换成了"想跟你说话"。

"对方正在输入……"一直在显示，花花莫名地开心了起来，还好没有不找他，你看，这不是堆了很多话想说吗？

"我最近很忙，也很累。"

"感觉，被束缚了一样。我不想经常跟你联系，我不快乐。"

"我希望你不要太黏我，你就当你养了一只猫，过好你自己的生活，然后偶尔想我就好。"

"早点睡吧！"

花花抱着热水袋坐在电视机前看综艺，里面的男艺人刚看完黑熊，上保姆车的时候发现车里面有一只非常逼真的黑熊模型，吓得他绕着保姆车跑了起来。

明明是很搞笑的节目，不知道为什么，花花看着看着眼泪却流了下来。养只猫确实不错，一直都是暖的，可以抱在怀里，男朋友却不一样。

爆发的那一天，花花作为摄影助理跟着摄影师一起去了拍摄现场。那天的拍摄对象是个可爱的男孩子，作为新人被发现，第一次拍摄总是有点羞涩。

拍摄的间隙，男生立马拿出手机给自己的女朋友打电话，跟她说今天拍摄的一些事情，末了还因为拍摄没有及时回复女生的消息，在挂断电话前说了句"抱歉，等拍摄结束再给你打电话"。

拍摄结束以后，花花顺路把男孩子送了回去。

系好安全带，男孩子就开始给女朋友发消息，特别开心地跟她分享有关今天拍摄的一切。

"我女朋友跟我是异地，女孩子有的时候有点小脾气，我得宠着她。"男孩子说到女朋友，好看的脸上露出腼腆的笑。

"羡慕你的女朋友哦！"花花发自内心地羡慕那个女孩子。

其实并不是没有时间，只是不想跟你说话。其实也不是什么特别的事情，只是对你心生厌倦，所以，短短的几分钟也不想挤出来留给你而已。

花花想了想，这个结论可真是让人伤心。

真要是特别喜欢一个人，就连吵架都舍不得，更何况把她晾在一边。

恋爱中的女孩子，有的时候很不懂事，有的时候又特别懂事，比如说，看懂了对方的厌倦与不想挽留。

分手的时候，也因为是异地恋而方便了不少。

"不用面对面，也不需要让他看到自己哭的样子，没办法，我就是这么酷酷的女孩子！"

花花在朋友圈发完这一条动态，迅速跟男朋友提了分手，然后将他的微信加入了黑名单。

无法猜测到爱是如何诞生的，花花也不知道，到底是哪个瞬间让她认定他就是自己喜欢的人。

但是她却能分辨出他是从什么时候开始不爱自己的。花花想，有的时候能够意识到问题所在并及时止损也是一件不错的事情。所谓的异地恋，不过就是在手机里养了个男朋友，但是却跟男友养成游戏不一样。现实生活中的人总是会消失，而游戏里的人，却总是笑盈盈地在那里。

谈恋爱还不如打游戏呢！

希望下一次，我们不要再冷战了，就算好好坐下来，热气腾腾地吵一架也好，吵完以后，也能穿越冰冷的屏幕，给对方一个温暖的拥抱。

花花起身关掉了灯，明天，又是快乐的一天啊！明天玩哪款恋爱游戏呢？

这么想着，花花躲在被窝里，笑出了声。

天文特征

每次我看着夜空都会觉得有点笨／他
已经跟着别的星球一起离开了／我还
是依旧记得，依然知道他出现的天文
特征／是几时几分⋯⋯

01

"你左眼和右眼下都有一颗泪痣。"

"有什么问题吗？"他不解地拿过镜子，想看一下自己的泪痣。

"估计情路很不顺啊！"她坐在那里，调皮地看着他，好像是在认真地说这件事，又好像是在讲玩笑话。

还没等到他再说什么，她就起身离开了，桌子上的咖啡杯被带倒，他想去把杯子扶起来，又想去追她的步伐。

一着急就从梦中醒了。

"又是梦啊！"阮呈安盯着黑暗的房间，已经数不清楚这是第几次梦到她了。这一次也是一样，好不容易梦到了她，却什么也没有问出口，她现在在哪里？过得开心不开心？有没有忘记他？这些话全部都堵在心里，一句也没有问出来。

也是，在生活中都没有好好道别的人，在梦境里自然也是追不上的。

他打开窗户，此刻的南京已经陷入沉睡当中，她在哪里呢？过得好不好呢？还会不会记得他呢？

可能在他忘记她之前，她已经抢先换上了失忆症，把关于他的事情忘得一干二净了吧，这样才是最好的结局。

这样想着，阮呈安干脆把收在书架最里层的盒子翻了出来，既然已经决定了遗忘，那就在遗忘开始前再回忆一次好了。

人类总擅长自欺欺人。明明只是怕自己忘了她，却偏偏要劝自己忘了她，把所有的过往都摆在眼前，再沉沦一次，再记忆一次，好像这样就能忘记得更深一点。

　　后来的那些睡不着的日子里，他总是会学着她的做法，躺在房间的地板上。"比起床还是更喜欢地板，感觉更加自由"，她总是会这样说，然后抱着她的粉红色兔子在地板上滚两圈，再满足地躺在那里。

　　那只粉红色的兔子也被她留了下来，不知道是她懒得带走了，还是打算留下一个什么东西给他念想，总之他按照第二种方式理解了，那只兔子就成了他夜夜入睡不能缺少的物品。她要是知道了会笑吧，她会说："你变态啊，一个男生睡觉抱一只兔子。"

　　阮呈安夹着兔子，走去冰箱那边倒了一杯梅酒。杯子是她买的，无印良品里最普通的杯子，不管是喝茶、喝牛奶，还是喝白开水、喝啤酒，他都用这个杯子。"喜欢的人送的东西不应该束之高阁，而应该在日常生活的使用中凸显价值"，这是她说的，"晚上睡不着觉喝一点梅酒就好了，微醺的感觉就很完美"，这也是她说的。

　　在她离开以后，阮呈安就成了另一个她，拥有着跟她一样的习惯与爱好。把自己变成另外一个她，就不会害怕失去她。

　　喝完了几杯梅酒后，阮呈安有点晕乎乎的，他躺在地板上，秋天的微凉感将他包围，他扯过一块小毛毯裹在身上，终于又沉沉地睡去。

　　这一次，他又梦见了她，在南京的秋天里。

02

　　阮呈安提着店长给的饮料下班的时候，已经快要到十点了，路上的行人已经不多了。秋天的时候，梧桐的叶子已经开始渐渐没有了生机，凉风吹过寂寥的秋天，只有手里提着的红豆奶茶还有些许的暖意。

　　"你呢 / 现在又在哪儿 / 每天数着日子还是过着人生 / 我啊 / 也不算过来人 / 只是多了一些碰撞的伤痕"

　　女孩子的声音是在这个时候传过来的，阮呈安以前没有听过这首歌，竟然在那一瞬间被触动了。到现在他也不知道，触动他的是女孩唱的那首歌，还是唱那首歌的女孩。总之，十点零五分的新街口地铁口，穿着阔腿裤背着吉他的女孩子，就好像温柔的月光，猝不及防地将他包围在其中。

　　月球上会有月震，但是由于震动的频率太低，地球上几乎没有人可以察觉，直到科学家登月，设置了地震仪以后，才开始了观测。阮呈安也没有察觉到，见到女孩时，自己内心的颤动，这些微乎其微的小事，都是在日常的生活中慢慢被察觉，又慢慢消失的。

　　吉他盒里面只有零星的一点钱，阮呈安从钱包里拿出一些零钱，小心地放在里面，转身要走的时候，又想起手里提的奶茶。

　　"钱不是很多，这个给你喝，你唱得很好。"顿了顿他又说了一句，"加油。"

"你等一下。"女孩喝了一口奶茶，叫住了他，"谢谢你的奶茶，要不我给你唱首歌吧！"她又指了指面前的吉他盒说："反正也没有什么生意。"

阮呈安这种男生，不太会拒绝别人，不管是下雨天同事坚持让他去送外卖也好，还是路边的行人强行让他扫二维码领小扇子也好，他都没有机会好好拒绝别人。那个瞬间也是，只是不同的是，这是他不想拒绝的瞬间。

"你想听什么歌？流行音乐我不太会唱。"女孩子一边拨弄着吉他，一边看着他。

"我也不知道，要不你随便唱一首你喜欢的歌吧！"

"好吧！"

她调了一下琴弦，站在夜色里继续唱了起来——"每次我看着夜空都会觉得有点笨，他已经跟着别的星球一起离开了，我还是依旧记得依然知道他出现的天文特征，是几时几分……"

歌词很好记，声音很动人，阮呈安就在十点零五分的新街口地铁口，记住了这个女孩，还有这首歌。谁会想到这首偶然听到的歌，会在他的人生中无数次响起，而他也不小心成了歌词里说的那个人，记住了她出现的特征，但是永远也不知道，她下一次返程是什么时候，也许明天，也许明年，也许来生。

唱完这一首歌，阮呈安朝她道了一声谢，转身就走进了地铁站。阮呈安这种男孩子，除了不会拒绝人，撩妹技能也很低，这种应该留下来问一下对方微信号或者其他联系方式的事情，他都想不到。

每颗行星都有它的轨道，所以只要你在轨道上运行，你总会在十点零五分见到同一颗行星。但是人类不一样，人类的运行轨道毫无规律可言，阮呈安试着连续三个星期都在十点零五分经过新街口的地铁口，可是并没有见到那个女孩。

再见面的时候，南京已经是冬天了，没有下雪，只有风猎猎地刮着。

"您好，请问您需要什么饮料？"

抬起头的瞬间阮呈安看到了那个女孩，她戴着咖啡色的帽子，鼻尖被风刮得红红的："一杯红豆奶茶，中杯，五分甜，热的。"

"好的，请确认一下您的订单，红豆奶茶，中杯，五分甜，热的。"

奶茶店的生意还没有到高峰期，点完单两个人站在柜台前，身后是同事做奶茶的声音，算不上什么优美的乐曲。

"你上次给我的红豆奶茶很好喝！"隔着一些距离飘到耳朵里的话听起来却有一些甜度，好像点了红豆奶茶的是他一般。笨拙地在轨道上运行了一个月，却始终没有看到应该出现在那个拐角的行星，此刻出现了。所以当阮呈安把奶茶拿给她的时候，原本那一句"欢迎下次光临"就被"可不可以加你微信"所取代。

就好像月震一般，轻轻地颤抖着，在心里掀起了一场震动，是一颗星星拼命想靠近另一颗星星，偏离了轨道。

阮呈安听不到同事在背后的吐槽："喂，是要说欢迎下次光临。"也听不到机器的轰鸣声，只能听到处在风暴中心的那个人，念出了一句神奇的咒语，片刻之间，世界就安静下来了。人是可以改变的，就连阮呈安都知道，第一次遇见是偶然，第二次遇见可能就是某种程度的命中注定了，人不可能两次看见同一颗流星。

"可以呀，难得又遇见你了。"

03

　　阮呈安并没有问过书书的过往，他只知道她是一个在海边长大的女孩，在一个偶然的机会下来了南京，然后遇到了他，在这里一住就是两年多。

　　"我们那里过着的生活就是，三天打鱼，然后两天看海咯。不过冬天很冷的，我们那里很长时间都是冬天的状态，即便是晴天，风也刮得特别大。特别好笑的是，冬天来得太早的缘故，我们那里的人总喜欢在树上绑一些假的叶子，就好像路边的梧桐树吧，冬天叶子都掉得差不多了，他们会绑一些黄色的塑料叶子上去，假装整座城市不是那么光秃秃的。"

　　"我喜欢海边，很自由，只有风那么嗖嗖地刮着，感觉随时都能飞起来一样。"

　　南京就不一样了，据说是宋美龄女士喜欢法国梧桐，蒋中正先生就给她种了一整座城市的梧桐，秋天的时候，叶子逐渐变黄，看上去富有生活的美感。他们手牵着手走在这座城市的落叶里，享受着生活带给他们的甜蜜和惊喜。

　　那是阮呈安成年以后最快乐的一段时间了。毕业以后他辞掉了奶茶店的兼职，找了一份稳定的工作，工作也算不上特别辛苦，报酬也足够他们生活，还可以存下一点。早上出门的时候书书会哼着歌送他出门，回家的时候他也能吃到书书精心准备的各种奇怪的料理，他们的生活就跟在南京生活的其他情侣一样，普通又甜蜜，至少在阮呈安心里是这样认为的。

书书第一次消失的时候，阮呈安只是觉得她可能是厌倦了每天都围绕着梧桐树、鸭血粉丝汤跟糖芋苗的生活，所以才会想提着行李出去旅游。实际上也是这样的，书书拖着她的吉他去了夏威夷，回来以后她还在说，南京太冷了，而夏威夷的海风总是有种燥热感，穿着衬衣吃着汉堡在海边唱歌太开心了。

阮呈安坐在餐厅里，看着书书的眼睛，那里明显有着他们现在生活里没有的东西，那是对自由的渴望。

如果是百年难得一遇的人，错过了就不知道她什么时候会返程，那就更应该好好抓紧她吧！阮呈安一秒钟都不想跟书书分开，如果戒指能够套住她就好了，这一刻他甚至有点恶毒地想，有根绳子就好了，可以把书书永远绑在自己身边。

书书是在他求婚之后离开的。

前一天刚戴上的戒指被摆在了桌子上，其他的东西都消失不见了。也不是毫无预兆地离开，阮呈安早就在书书的眼神里捕捉到了那一瞬的迷离跟向往，只是他太过于自信，自信地以为，他们对彼此而言都是百年难遇的，所以书书会留下来，陪他走完属于他们的平淡却完美的一生。

有的人就好像流星，在你心里转瞬而逝，可是你却以为他就跟朋友一样，明年今日还会再来，所以每年的那一天你都开始心怀期待地等待，然后再落空。

阮呈安后来才明白，有的人注定属于大海和天空，他是留不住的，即便他用一根绳子把她绑在身边，大家也都不会快乐，这也不是他原本想要的。他没有任何渠道可以获得书书的消息，如果有可能的话，下一次流星雨会带她返程吧！或许她走累了，走乏了，会再一次回到他身边。

既然已经等了这么久了，就再等等，说不定奇迹会出现呢？每一个被留下的人都这么觉得，都相信奇迹会出现。

04

每一次的梦境对阮呈安来说，都是一场甜蜜的负担，在梦里他可以遇到书书，他甚至情愿将这个梦一直做下去不再醒来。

后来的阮呈安已经不再需要坐地铁回家了，尽管南京的道路很拥堵，开车上下班也还是便利不少。他比以前更加沉默，但是也能逐渐分辨出 hush（来自西安的原创乐队）和 my little airport（香港的音乐组合）的歌，甚至还会在家里拨弄一下吉他，尽管弹得非常差。

那天同事聚会，阮呈安喝多了，同事要送他回家，他拒绝了，摇摇晃晃地走到了新街口的地铁口，不知道是他喝多了，还是怎样，他看到地铁口站着一个背着吉他的女孩，尽管几年不见，身影却与书书意外地相似。

几个年轻人围着她听她唱歌，唱完以后，有人问她会不会唱《青春修炼手册》。

"会哦，最近才学会的。"

"跟着我左手右手一个慢动作，右手左手慢动作重播……你有没有忘记我？"

她的眼神穿过人群，落在了阮呈安身上。

"我没有。"

十点零五分的新街口地铁口，奇迹总是会发生。

爱啊
能战胜一切吗

拥有了爱，不一定代表着拥有了全世界，

——但是没有爱就什么都没有了啊！

01

听到贺子章去世的消息时，我正在脱口秀演出的后台指导新人选手。新人选手很有才气，也很可爱，就跟当时的贺子章一样，但是舞台经验不够足，总显得怯怯的。

"你要注意的是，不要在台上一直晃荡，那样镜头对不准你，另外，要注意掌握好说话的语速，你一旦紧张就会加快语速，那样台下的观众会听不清楚你在说什么。"

他小声说了句"好"，一副特别乖巧的样子。

这一点跟贺子章完全不一样，贺子章会说："我就是喜欢在台上晃来晃去的，摄影机机位一直跟着我就好了，突然中止自己的节奏，会让我很不适应。"

他一直都是这样，有他自己的坚持跟步调，别人必须不断地配合他，这一点真是让人讨厌，但是又让人觉得很酷，给观众一个良好的感官确实很重要。"但是，我也有付出努力，我觉得观众也要付出一定的努力，在观演的过程中。"他会这样回答我。

"贺子章的葬礼你去不去？"

"别开玩笑了，他怎么可能会死，肯定又是在恶作剧吧！"

趁着演员们上台的间隙，我躲在后台回了一下朋友发过来的消息，我才不相信他会死。

"群里发了的，葬礼的时间是后天。"

我跟贺子章分手以后，我就退出了以前的小群组，虽然抬头不见低头见，但是有的时候，保持距离也没有错。

只是没有想到，我们俩真的保持了距离，从现在开始，我们的距离就是生死两隔了。

我有点泄气，蹲在地上不想起来。小新人刚刚表演完，没有想到反响很不错，观众都在鼓掌，我看着他，好像看到了几年前的贺子章。

刚刚绽放出光彩，在人群中已然跟其他人不一样了。

不知道为什么，我的眼泪落了下来。

02

贺子章这个人，对脱口秀有着非常大的热情，就好像这个舞台天生就是为他打造的一样。最开始遇见他的时候，是在上海的一家小酒吧，我当时还在另外一个节目组当实习生，被工作压榨得有点焦躁，便和同事一起找了一个地方喝酒听别人讲段子乐呵乐呵。那个时候虽然穷，但是每天都在穷开心。

前面几个人说的段子，我们都没有笑出声来，贺子章刚上去，随便说了几句，本来愁云惨淡的我们，就笑出声了。

有的人靠勤劳就能追赶上别人，而有的人，真的是有被上天眷顾的天分。散场以后，我们几个同事围了过去，问他有没有兴趣跟我们去做节目。他歪着头犹豫了一下，答应了我们。

我后来问过他，为什么当时会决定跟着我们走。突然之间有人跑去问你愿意跟他们走吗？一般人都会觉得很奇怪吧！贺子章笑了一下，咬断我手里的 Pokcy（中文名为百奇，日式零食），说："因为你啊！你长得好看。"

"好看的人都不是坏人。"他笑嘻嘻地说，没头没脑的样子很可爱。从别的方面来说我确实不是坏人，但是对贺子章而言，我是一个坏人吧！

决定离开的时候绝不回头，是一个非常过分的坏人。

我也不知道我是从什么时候开始喜欢贺子章的，感情的开始总是毫无头绪，一不小心就跌入了爱情的陷阱当中，被感情蒙蔽了双眼。刚毕业的我，对于未来非常迷茫，有人爱自己固然很好，不论什么事情都能两个人一起分担，总感觉会多一些底气。

在当时的我看来，贺子章是一个特别天真、孩子气的人，他对工作的热情恰好拯救了那个丧气的我。就好像你正处在失落的深谷中时，有一束光照亮了你，你会毫不犹豫地想跟着那束光走。

不对台本或者试讲的时候，他总会拿着一台小型 DV 拍在后台工作的我们，调皮的本性大概也是在那个时候展露出来的。

那天我们刚录完一档节目，所有的演员都在现场休息。贺子章也在里面，其他的演员表演完也陆陆续续进了休息室。我拿着新打印出来的台本，发给大家。

其他的同事都已经坐下来一边吃饭，一边对台本，只有贺子章还举着 DV 在拍。

"吃饭了哦！"我走过去，轻轻拍了一下他的肩膀，他却不说话，只是拉着我坐下来，指着 DV 小声偷笑："给你看一个好笑的视频。"

我不知所以，手被他拉住了，也无法起身，就干脆坐在他旁边看了起来。DV 正对着其他几位演员，他们打开了饭盒正准备吃饭，其中一个夹了一块炸虾，放到嘴里，却突然发现不对劲，咬不动。

其他几位吃饭的演员，也纷纷发现了菜不对劲，都在四处张望不知道怎么回事，只有贺子章举着 DV 笑了起来。

"你又偷偷把我们的炸虾换成了塑料模型。"

"打不死你。"

男生们很快扭作一团，场面十分热闹。DV 在贺子章被围攻前就已经塞到了我手里，虽然翻看别人的东西不对，但是我的手不小心碰到了播放的按钮，下一个出现的小视频里的主角竟然是我。我的心里竟然有点小窃喜，有的人闪闪发亮，但是他们却会停下来照亮你的世界，这种感觉让人沉迷。

那天录完节目后大家一起去喝酒，喝到最后只剩我们两个。

"你的理想是什么？"

喝过酒的冬天，连空气都是醉乎乎的，贺子章歪着头扶着一棵树对我傻笑，我则在感叹这都什么年代了，怎么还有人和我谈论理想这种傻里傻气的话题。

"希望节目上线以后，点击量破亿，年终奖能数到我手软。"对于一个每个月勉强糊口的小编导来说，赚钱才是我最大的理想。

"我的理想是环游世界。"

贺子章一边说着，一边绕着我走了一圈，我只当他是喝多了。

"等你说脱口秀红了以后就能实现了，但是你围着我绕圈圈干吗啊？"话音刚落，我自己就愣了，这么冷幽默的撩妹方法，估计也只有他才能想出来了。

现在回想起来好像还是昨天的事情，一切都没有变化，他还是说着脱口秀的少年，我也还是祈祷着节目点击量破亿的编导，发财是我们的理想。真快乐啊！

03

我们第一次策划的节目，并没有像我们想象中那么受欢迎。除了在电视节目里上台说一些段子，贺子章也经常会去开放麦的现场说段子。

现实生活里的他，是一个有点低调的人，但是只要拿到麦克风站到灯光下，他就像变成了另外一个人，站在舞台中央的他无比自信，每一个段子都有恰到好处的笑点。对于一个脱口秀演员来说，最开心的事情不就是把台下的观众逗笑吗？

只要不忙的时候，几乎每一场开放麦我都会去现场，我喜欢看他在台上光芒四射的样子，就好像生活充满了希望一样，当然生活是现实的。

上海的冬天特别冷。一场开放麦下来其实也拿不到多少钱，创作段子的时候大家又经常会一起去喝酒，喝完一家又一家。说实话，一两年下来，我们也并没有存到多少钱。

令人绝望的大概是那段时间的生活感受，我们拥有爱情，但是却不曾拥有除了爱情以外的任何东西。我安慰自己，只要在一起就好了，总归是有些难熬的日子，毕竟对我们来说，我们是彼此战胜困难的动力。

那个时候我以为，只要有爱就好了，它可以战胜一切。

第一次感受到生活的窘迫，是在一个融雪的日子。南方的天气湿冷，真的让我很难过，因为太穷了，我们甚至都不能开空调。

室内的温度实在太低了，我穿着鞋子围着外滩和静安公寓走了好几圈，身体才逐渐恢复知觉，我闻着那些餐馆里飘出来的香味，只想开开心心地坐下来，吃上一碗热腾腾的饭菜，根本不想管什么节目的收视率，也不想去知道什么样的脱口秀观众才喜欢。

我只想安安静静地过我平平淡淡的生活。

回家的路上，我路过了不少知名的商场，商场里面摆着的 LV、香奈儿都是我只能看不能买的东西，女孩子的虚荣心总是在这种时候开始作祟。我也是一个二十多岁的女孩子，除了可爱的男朋友，我也想拥有这些东西。可我却因为穷，连空调都开不起，只能在这样寒冷的时刻围着上海绕圈圈。

圣诞节的时候，贺子章跟我一起去哈灵面馆吃了一碗牛蛙面，我作为一个北方人，还蛮喜欢吃这些的，贺子章把他碗里的牛蛙全部挑出来给我了。

"吃热腾腾的牛蛙面很快乐啊！一想到这件事就很高兴。"

"尤其还是跟我一起吃牛蛙面，对吗？"我顺嘴接了一句，他却只是笑嘻嘻地不说话。在一起久了就会了解对方的习惯，尽管他是一个段子手，但是生活中他却很低调。我其实很喜欢这种偶然降临的甜蜜感，至少以前的我很喜欢。两个人甜甜蜜蜜地在一起，就连为了生活奔波这件事大概都是牛奶糖味的，是甜的。

可是那天我却并不开心，我不喜欢我的圣诞礼物只是一盒牛奶糖，我也想要那些昂贵的限量发售的套装、好看的包包，也想在寒冷的冬天去热带游泳，而不是骑着脚踏车跑来吃一碗牛蛙面。

不知道是我变了，还是我已经怕了。

家里也得知我在上海过得并不好，一直在劝说我回家结婚，还给我介绍了一些在上海的家乡人。趁着贺子章去开放麦做活动的时候，我悄悄去见了那些家乡人。

如果能让生活多一种可能，那我为什么不去试一下？我也没有想到我会变成我曾经最不屑的模样，我想起很早以前看到的一句话——宁愿坐在自行车后座笑，也不想在宝马车里哭。

但是如果能坐在宝马车里哭，那也应该是喜极而泣吧！

对方约了我在金茂上面的餐厅吃饭，这里随随便便一道菜，可能就是我跟贺子章两个人一个星期的生活费。在那里等着我的是一个沉稳的中年人，沉稳的另一个意思就是无趣。他不会像贺子章一样说一些好笑的段子，生活在他的世界里要了解的话题就是今天的股票又跌了，或者是我今天投资的房子又涨了。

他并没有跟其他相亲的人一样问我做什么工作、收入多少这样的问题，他只是特别贴心地问我有什么忌口的没有，平时喜欢做些什么。其实不管我做什么工作，我收入多少，他都不关心，可能对他来说我的收入都算不上他工资的一个零头吧。

最后我们还吃了一份甜品，我从来没有吃过那么好吃的提拉米苏，大概是看出来了我的喜欢，他又招呼服务生打包了一份。我提着这份提拉米苏心里莫名的开心，想着回家可以跟贺子章一起吃。

是对方开车送我回的家。寒冷的冬天，不需要骑单车，也不用挤公交，而是坐在别人的副驾驶位上，轻轻松松地等着别人送自己回家，我的虚荣心得到了极大的满足。

回家以后，贺子章还没有回来，我把提拉米苏摆在桌子上，安静地等着他回来，想跟他一起分享这份快乐。

其实到后来我才明白，无论买多么昂贵的东西，过多么富足的生活，如若没有分享的人，也是不会快乐的。

贺子章回来以后，并没有追问我那块昂贵的蛋糕是从哪里来的，尽管他知道，我们的生活费能勉强维持生活就已经万事大吉了，哪里还有余钱来享受生活呢。他对我永远都是笑嘻嘻的，他说：“在我眼里，提拉米苏只能算第二可爱。”

“那第一是什么？”我裹着我的小毛毯凑到他身边小声问。

他用叉子叉起一小块提拉米苏塞到我嘴里，说：“那还用说，当然是你啦！”

不知道为什么，提拉米苏明明是甜的，我竟然吃出了苦涩的味道。

04

很快我被调去了另一个节目组，这么说起来其实负责什么节目对我来说都差不多，只要能赚钱就好了。

比起小众一点的脱口秀，果然还是国民向的室内综艺更加受欢迎，我每天忙碌在宣传的道路上，贺子章也奔波在去各地做开放麦的活动当中，之前的相亲对象跟我联系得越来越密。

加班到大晚上的时候，他会开着他的宝马W来接我去吃饭，他跟贺子章完全是不同世界的人，带我认识的世界也跟我之前了解的不一样，送我的东西也不是那些廉价的鲜花、路边娃娃机里抓出来的玩偶。当他带着我在上海有名的定制店定制了一身新裙子，跟我一起坐在米其林餐厅聊着我们的未来时，我的内心因为这些而开始动摇。

不需要付出多少努力，随随便便就能得到那些别人费尽心思想得到的东西，这样的幸福来得太简单了，简单得让人沉醉。我拎着我跟贺子章要存好久钱才能买到的LV限量版包包，思考着。

"我觉得跟你挺聊得来的，你是怎么看待我的呢？"相亲对象坐在我对面，后面的玻璃上映出灯红酒绿的上海。

我是怎么看待他的呢？值得依靠的人？可以在一起的人？内心

闪过了很多标签，却唯独缺了"喜欢的人"这一个。

喜欢重要吗？喜欢能发财吗？如果喜欢只能让你保持贫穷，你要怎么选？我回答不出来，我盯着他塞到我手里的钻石戒指，闪闪发亮的小钻石在我的手里闪烁着，直到手机响起来我才回过神来。

"晚上去吃牛蛙面吗？这一次开放麦效果不错哦。"

牛蛙面牛蛙面牛蛙面，我真的是不愿意穿着我为了出入高端会所新买的衣服跑去吃一碗牛蛙面，我如果继续跟贺子章在一起，估计永远都是过这样的生活，偶尔工资高了一点，我们就出去吃个牛蛙面庆祝一下，可能十几年才能出去玩一趟，我们可能一直都是在上海租房，分期买一辆车要还十几年的贷款，我不想过这样的生活，不想。虽然我喜欢吃牛蛙，可是如果去高档的餐厅吃牛排我会更开心！

"不了，今天要加班。我回来会很晚了。"

挂了电话，我收起相亲对象给我的戒指说："我会好好考虑一下的。"

我下车的瞬间并没有发现，贺子章拎着吃的看着我从车里下来的时候，脸上写满了不可置信。

所以我也不知道，在那几分钟的时间里，他的心里到底经历了什么。

"你去哪里了？我回来都没有人。"我打开从餐厅里打包回来的菜，一脸不解地看着脸色不太好看的贺子章，不是说今天开放麦效果很好应该庆祝吗？

"我去买了点你喜欢的酸奶还有冰激凌。"他把东西放到桌上，里面放着的哈根达斯特别显眼，可是今晚我才吃过了从法国回来的厨师做的冰激凌，哈根达斯对我而言，也不再有什么诱惑了。

两个人之间陷入了短暂的沉默，他看着我，我看着他，一时之间都不知道应该说什么。

"明年我们去日本玩吧！"电视机里刚好出现东京迪士尼的消息，贺子章指着电视机，低声地说。

"好呀。"我随口应着，手机刚好有相亲男发过来的消息，我侧着身子躲在一旁回消息。

"你以前都觉得迪士尼很幼稚，一直都不愿意去的。"

说完这一句话，贺子章就留给我一个背影，消失在了夜色里。那一瞬间，我觉得我应该要追上去，但是我犹豫了。

第二天早上，我睁开眼睛的时候，贺子章已经回来了，还提着生煎包跟豆浆给我当早饭，我天真地以为，这是我们和好的标志。

"我们要不还是分开一段时间吧！"贺子章说这句话的时候，我正咬着生煎包，汤汁飞了出来，他连忙拿纸给我。

我却因为心虚，连"为什么"这句话都没有勇气问。

"我觉得，你不应该跟我在一起浪费时间了，我就是一个说脱口秀的，给不了你太多的承诺和未来，我也不想再耽误你了。"

你看，他真的是一个很好的、很可爱的人，就连分手这件事，他也在考虑我的想法，努力让自己去扮演这个坏人的角色，我动了动嘴角，想说什么，最后却什么也没有说。

我们一起平平静静地吃完了这一顿生煎包，吃完以后我去上班，贺子章站在门口对我说："路上小心哦！"

我忍住了自己的眼泪，转头就走了，路是我自己选的，有人不去质问你为什么选择这样，反而放心地让你朝着自己选的方向走，我还能要求什么？我应该开心，应该庆祝，庆祝我从此可以驰骋在LV、香奈儿里，过精致的上海女孩过的生活，不再贫穷，不再困顿。

可能也不再拥有爱。但是爱，重要吗？

05

从那以后，我就没有跟贺子章有过什么联系了。我一直在做的节目也始终青黄不接，倒是贺子章，因为一个脱口秀节目突然间爆红起来，一时间，我们所知道的很多综艺节目里都有他的身影。

我跟相亲对象的感情也没有走得很长远，一开始我以为感情不重要，只要有钱就好了，可是相处下来才发现，原来有的事情并不是那么绝对，坐在别人买的宝马里面我并没有喜极而泣，并没有。而且他除了我，还有好几个正在勾搭的女生，偶尔送我们一只两只LV包对他来说不算什么，他知道如何讨一群女人的欢心，却不知道为女人做一件简单而感动的小事。

是的，我又成功地打了自己的脸，我总是想起贺子章，想起他半夜骑着脚踏车带着我绕了大半个上海，只为了去给我买牛蛙面；想起他环游世界的梦想；想起我跟他在一起的点点滴滴。

人啊，总要等到什么都失去的时候，才想起自己曾经拥有过的东西是多么美好，我也不能免俗。

　　我站起身，拿起新的台本，下一场是脱口秀比赛的决赛啊，贺子章看到这一天应该也会很开心吧！我放弃了贺子章，最后却阴差阳错地回到了他最喜欢的脱口秀的世界，这大概就是我与他同在的最后的方式了。

　　"一起努力哦！"我在心里小声说着，仿佛他听到了一般。

无所畏惧地
在一起

就在那个瞬间，我很想甩掉这该死的爱情。

01

　　女朋友出车祸的时候我正在上班，那天刚好碰到一位难搞的作者，关于图书封面这件事，我们纠结了一整天，他执意要用白色背景走简约风，可是领导觉得黑色抽象背景更有荒诞的感觉，我夹在中间，里外不是人。

　　"你是黄崇凯吗？你女朋友出车祸了。"接通那通陌生电话的时候，我只听到这么一句话。

　　"你神经病吧！"我迅速挂断了电话，周围的同事探出一个头来问："怎么了？"

　　"一个骗子，说我女朋友出车祸了。"我并不打算相信这件事，这年头骗子太多了。下午三点，我女朋友好端端地坐在办公室上班，那个人要怎么开车才能让她出车祸，比起纠结这种事情，我还是想想如何在主编跟作者之间寻找一个平衡点吧！

　　我拿起手机，准备给女朋友打电话，想了想还是算了，昨天晚上我们就因为番茄炒蛋到底应该放糖还是该放盐这种小事吵了起来，早上出门的时候她都没有跟我说话，我还是不要故意去惹她不开心了。

　　"嘟嘟嘟嘟嘟……"不到三分钟，电话又响了起来，还是同一个号码，我接通电话，不耐烦地说："我女朋友没有出车祸，我只是一名贫穷的出版编辑，没有什么钱好骗的。"

"我刚刚撞了她，现在她在医院，你还是过来看一下吧！"

对方紧接着报出医院的地址和病房号，我握着手机愣在了座位上。

车祸？我女友？不是骗子？

我瘫在椅子上，一时间竟不知道该如何是好。

确切地说，我其实有在想跟女朋友分开这件事，生活在一起、一直爱对方，确实是我们的愿望。可是在一起生活以后，我们却在对方身上发现了很多自己无法接受的缺点，我们试着用很多种方式去磨合、解决，可是那些问题就好像是最牛的钉子户一样，依旧招摇地出现在那里。就好像番茄炒蛋一样，她要是喜欢吃放糖的，那我再给她炒一盘就好了，当然这些都是小问题，还有在哪里买房、回不回老家、婚礼到底选西式还是中式的，这些问题就好像一个黑洞，轻松地将我吞噬。

据说"同居生活"这个概念，原本是为了降低离婚率让大家提前适应婚后生活而诞生的，可是自从这个概念被普及以后，离婚率或者说不婚率反而上升了。大家都已经提前体会到了婚姻生活的无奈，一想到未来二十年、三十年两个人都会因为同一件事而痛苦，放弃的念头就无比强烈了。

本来还想着这段时间找机会跟她说一下分手的事情，可是这突如其来的车祸，一下子就打乱了我的计划。

在女朋友经历车祸躺在病床上的时候跟她说"我们分手吧"，我用脚趾头想都知道，"死渣男"这个称号会以怎样的速度在朋友之间扩散开来。日后大家提到我，也只会说："你看他，他就是那个在女朋友出车祸的时候，把女朋友甩了的白眼狼！"

恋爱不顺，工作不顺，人生提前步入了瓶颈期，我愤怒地抓了抓自己的头发，然后去找主编请假。

离开办公室之前，我还问了一下同事："你吃番茄炒蛋是放糖还是放盐啊？"

同事挠着他为数不多的几根头发念叨："必须是放糖啊！我们那里都放糖！"

"不过，我老婆爱吃放盐的，所以，我已经接受了番茄炒蛋放盐！"

叛徒！

02

我赶到医院的时候，女朋友正躺在病床上。

我走到病床前，躺着的确实是她没有错了，早上出门时换上的裙子，此刻已经沾染了不少血迹，如果没有记错，这还是前段时间我陪她去买的新裙子。她躺在病床上一动不动，我握了握她的手，她也没有回应，没有像平时那样，高兴的时候就回握住我，生气的时候就一把把我推开。

"还没有进行伤口清洗，头部受到撞击，脑内有瘀血。目前病人暂时休克，过一段时间会苏醒的。"护士好像见惯了这样的场景，说这些话的时候不带任何的感情色彩，我却紧张得要命。

"我女朋友不会死吧？"我哆哆嗦嗦地，犹豫了很长时间还是问出了这个问题。

"我刚刚已经跟你汇报过病人的情况了，要开始清理头部的伤口了，这里，麻烦家属签一下字。"

打算跟躺在病床上的女友分手的我，算不算她的家属呢？这是一个值得思考的问题，我拿着笔犹犹豫豫，不知道应不应该签。护士甩来一个白眼，仿佛在说"上一秒你不是还那么关心她，怎么要签字的时候却慢吞吞的"。我在护士投过来的犀利的目光下，心虚地签完了字，却又在要不要通知她父母这件事情上犯了难。

如果她顺利康复，那我们肯定是要分手的吧，在这个尴尬的时间点跟她的父母见面，好像也不太好吧！我跑去便利店买了一包烟，蹲在墙角抽了起来。她不喜欢我抽烟，讨厌家里都是烟草味，考虑到她的感受我强迫自己戒了烟，只是现在，心里就好像被什么东西堵住了似的，不借助一点外力似乎没有办法发泄出来。

手术结束的时候，我的一包烟也抽得差不多了。最终我还是拨通了她爸爸的电话，告诉他，我是他女儿的男朋友，现在他女儿出车祸了，我在医院，并让他们不要着急，之后的情况我会陆续通知他们。

做完手术以后，护士给她换上了病服，那条花裙子被剪烂了，混着血迹被扔在一旁，我还记得那天她买这条裙子时开心的样子，她醒来的时候要是看到这条裙子被弄成这样，心里肯定很不开心吧！

肇事司机态度倒是很好，垫付了医药费，还主动联系了交警。"她急急忙忙地过马路，我当时正好手机响了，没有注意到，就撞上了。"

下午三点，她应该坐在办公室处理着他们同事提交上来的各种申请才对，没事突然跑到外面去干吗？还在跟我吵架的日子穿着最近最喜欢的衣服，再仔细一看，她的嘴角还有口红的痕迹，她平时都觉得卸口红很麻烦的，能不涂就不涂。

太可疑了。

非常可疑。

我脑袋里冒出了一个非常可怕的想法。

说不定，她是在这个工作日的午后，去见自己的情人。

前几年不是有一部叫《昼颜》的日剧特别火吗？讲述的是精心打扮的主妇们跟她们的地下恋情。

如果真的是这样，那就太可怕了。那个人是谁？他知不知道这件事？他知不知道为了见他，我的女朋友被车撞了？

也不知道过了多久，我的女朋友终于醒过来了，在她躺着的时候，我才发现我已经很久没有仔细看过她了。这段时间我们都在争吵，结婚也好，买房也罢，我们遇到了我们这个年纪要遇到的所有问题，爱意在争吵中消散。她躺在病床上的时候，我在想这个人会不会永远醒不过来了？要是她永远都醒不过来，我是应该执意跟她分手，还是背着一个二十四孝男友的标签，一直照顾她？

那一瞬间特别感激她醒来了，终止了我的纠结。

她头上绑着厚厚的纱布，但是有出血的痕迹，嘴巴也干得一块块的起皮，她小声念叨着什么，我听不清楚，我将棉签打湿了，涂在她嘴巴上。我轻轻握住她的手，她微微回握了我一下，眼角就有眼泪流出来了。

应该是很痛吧，平时连瓶盖都拧不开，体检抽血都怕的要死的胆小女友，此刻身上却到处都是伤痕，所以才会哭吧。我看着她躺在病床上，希望自己能代替她去承受这些痛苦，毕竟我比她坚强啊！如果是我，就算生病了，被女友甩了也不会哭的。可是她就不一样了，白天的她可能会坚强地工作，跟同事说笑，回到家以后她就只会闷在被子里哭，应该还会边哭边骂我浑蛋，再把我的东西全部打包丢掉！

再然后，她会跟别的男生陷入爱河，那个人会带着她去吃饭，也许不会计较番茄炒蛋到底是放糖还是放盐，总之她会成为别人的宝贝，跟别人经历不同的人生。想到这里，我心里的郁闷感越来越重，一想到这个曾经属于我的女人，未来有可能属于别人，我的心里就更焦躁了。

我在病房里坐了一晚上，期间时不时给女朋友喂一点水，暂时只能吃流质食物的她已经睡着了。要是她在这场车祸中死掉了，我会不会很难过呢？

坚强如我，竟然从来没有设想过，如果有一天，她要是从世界上消失了我会怎么样。我一直以为，我对她的爱意已经在日常生活中逐渐消散了，可是在她发生车祸的这一晚，我才意识到，我一直都在想尽办法逃离她，其实是因为我喜欢她。

我只是不敢承认这件事而已。

03

　　女朋友醒了过来，护士又把她推进了检查室，医生说除去腿部骨折，基本上没有什么大碍了，只要在医院静养一段时间就好了。

　　女朋友躺在那里，泪眼婆娑地看着我说："腿上会留下伤疤吧？"我原本很生气，很想抱住她，然后质问她，为什么下午三点不好好待在办公室上班，要满世界瞎跑，可是听到她这句话，我的怒气莫名的就消散了。

　　我像个笨蛋一样，抱着她"哇"地一下哭了出来。

　　"你哭什么啦？留疤的是我啊！"稍微康复一点又开始凶巴巴的女朋友在我看来特别可爱，只要她还活着就好了，只要她还活着，我就放心了，对我凶一点也没有关系。

　　"昨天下午我去蛋糕店拿蛋糕，没有想到被车撞到了，啊，你说我的蛋糕还在不在，我错过了约定的取蛋糕的时间。"

　　"你下午三点去拿什么蛋糕？又没有人过生日！你拿什么蛋糕……"话说到这里，我愣了一下，生日，我拿出手机看了一下昨天的日期，我的生日。所以她穿了新买的裙子，涂了平日里不会涂的口红，特意去买了蛋糕，只是为了给我庆祝生日。

　　"你生日嘛，也好久没有庆祝生日了！再说，早上不是还在跟你吵架吗？你早上那么冷漠，我不知道要跟你说什么好，就想买个蛋糕给你庆祝一下生日，说不定就和好了。"

我觉得自己真的好过分，明明哄她一下就好了，一道菜而已，放糖也好放盐也好，能有多重要！我因为在一起久了要不要结婚这件事而烦恼，她不是也一样吗？我们都没有过结婚的经历，也是第一次同没有血缘关系的人一起生活这么久，我只记得自己看不惯她的生活习惯，她肯定也有被我气到无语，恨不得想分手的时候吧！

即便这样，她还是悄悄地去订生日蛋糕，想着给我一个惊喜，我真的是脑子进水了才会想要跟她分手！为了一点鸡毛蒜皮的小事我就想跟她分开，仔细想想真的太可怕了。我甚至都忘记了，很早之前，我们去苏州玩，路过寒山寺的时候，从不相信什么佛祖神灵的我，却也在敲响新年钟声的时候，悄悄许下了愿望。

"希望我能在她死之后再死去，这样她就不用承受失去我的悲伤了。"

可是现在的我，竟然还打算抛弃她，我真是太过分了。

"没有关系啦，留个疤而已，婚纱买长一点就能遮住了。"我握着她的手，认真地说。

"嗯，到时候如果没有消掉，我们就找一个P图技术特别棒的摄影师，把它全部P掉！"

"好！"

"拍婚纱照的时候！黄崇凯你很过分，哪有人在病房里求婚的啊，钻戒都没有！你求婚干什么啦！以为我一定会答应你吗？"

说到这里女朋友也哭了，包成一个木乃伊一样的人，坐在病床上哗啦啦地流眼泪，护士们都跟看傻子一样看着我们俩，而我自动屏蔽掉了女朋友的声音，紧紧地抱住了她。

"对了，番茄炒蛋，我还是喜欢放盐的，但是你要是喜欢放糖的，下次我给你单独炒一份！"

"好！"

去他妈的七年之痒、婚前恐惧，现在，我要跟这个女孩，步入婚姻的殿堂。

怀旧

时间早就热烈残酷地带走了一切。

01

崔裕文从快递点取出包裹的时候，被包装盒上那只卖萌的兔子吸引了全部的视线。很早之前，他跟许琅在一起的时候，就给她买过。许琅当时很开心，那样子就好像她手里拿的不是一个娃娃，而是整个世界。

"等下去发条朋友圈好了，许琅应该会很开心吧！"崔裕文想。

许琅喜欢可爱的东西，最喜欢的就是那些不知所谓的玩偶周边。以前崔裕文也没觉得怎么样，只是跟许琅分开以后，她好像把自己从她的人生里剔除了一样，一种来自前任的不甘心把他笼罩了起来，因此频繁地出现在她的生活里，就成了他的一种奇怪的爱好。

把所有的物件拿出来，摆好拍照，发朋友圈，一切还要装作不太经意的样子。怕许琅看不到，他又在评论里面解释了所有物件的来历，可是等了好久，也没有看到许琅的点赞或者评论。

这要是放在以前，是绝对不会发生的吧！

要是以前，许琅应该早就屁颠屁颠地跑到下面留言，说："啊，好可爱，怎么这么可爱，我也想要！我超级喜欢这个玩偶。"

而现在的许琅，对崔裕文视而不见。

虽然没有拉黑，但是也说不上多友好，只有在他发的自己过得很糟糕的朋友圈下面，才能收到许琅的点赞。

谁不喜欢前任过得糟糕呢？

许琅对崔裕文，是一见钟情，然后就踏上了一条漫长的追男路，就连崔裕文随便转发一条帮朋友扩散的消息，许琅都会登上微博换上自己那个十万粉的大 v 号来给他转发。那五年的时间里，崔裕文不是看不到许琅对自己的喜欢，只是不想看到而已。

崔裕文理所当然地享受着许琅对自己的好，随便给一点点甜头，许琅都能炸成天边一朵烟花。在崔裕文想清楚，觉得可以跟许琅在一起的时候，他只听到电话里啊的一声尖叫，再见到许琅的时候，她已经缠上绷带了——太开心了，从床上滚了下去，扭伤了脚。

崔裕文大概是在那个时候开始有一点点喜欢许琅的，他觉得这么蠢的女孩子已经很少见了，跟她在一起有一种安心感，但是这种安心感或许并没有转化成更多的喜欢，所以他才会对她忽冷忽热，忽远忽近。

崔裕文跟许琅在一起的时候很少想起她，好像她本来就应该在那里一样，如同空气一般，他不会意识到她的存在，也不会想念她。就连分手，他也没有什么记忆，只记得许琅拿了一块巧克力，说吃完这一块他们就分手，说什么他们在一起四十五天了，这个数字吉利。现在想起来，关于许琅的记忆真是少得可怜，以致崔裕文有些怀疑他们曾经有没有在一起过。

02

分开以后崔裕文倒是更多地想起了许琅。

有一次去书店买书,那是许琅特别喜欢的一家书店,刚开业的时候,他们一起去办的会员卡,办卡的时候,工作人员把许琅的名字喊成了许良,让她生气了好久。

去结账的时候,崔裕文理所当然地拿出了会员卡,工作人员却说由于长时间没有消费,需要验证个人信息。输入自己的身份证号码,工作人员也只是笑着摇摇头说:"对不起,这张卡显示的身份信息是许良小姐哦,先生。"

"许良,许良,拜托,我叫许琅!"许琅埋怨的声音又在耳边响了起来,崔裕文习惯性地想回她一个微笑,转过身去却什么都没有。

他们办理完会员卡以后,许琅特别开心地拿去拍照。他从来没有送过许琅什么能彰显他们情侣关系的物品,戒指也好,手镯也罢,什么都没有,所以对于那时的许琅来说,一起办的同一家店的会员卡,说不定就是一种值得炫耀的事物,"一起,我们",这四个字就足够了。

店里面放着 My Little Airport 的歌,歌词里唱着"我与你的唯一交集 / 就是仍用你的 ID 购书在诚品店"。

有的时候艺术可能真的来源于生活吧,崔裕文收好那张署名许琅的卡片，关于许琅的记忆，又被拉扯出来几分。

　　另外一次则是在东京，天气干冷，崔裕文手上有了裂纹，他一时不知如何是好，冲去药店买了一瓶护手霜，胡乱地在手上抹着的时候，想起了最后一次跟许琅看电影时的情景。

　　那天看的是许琅执意想看的盗墓电影，特效做得太逼真，许琅紧紧地抓住他的手不肯松开，女孩子的手因为经常保养，远远没有男生的手那么粗糙。许琅摸到了崔裕文手指上裂开的地方后，赶紧从包里拿出护手霜，一个手指一个手指小心地帮他涂着，也顾不上电影里男主角到底救没救到女主角、传说中的宝物到底找没找到。

　　崔裕文当时只觉得许琅是沉迷在女友这个角色中无法自拔，分开以后他倒是明白了——喜欢一个人的方式有很多种，表达出来也可以是各种各样的，也许他还能遇到很多说爱他的人，但是可能再也遇不到那样一个会为了他手上的伤痕、眼角的皱纹而真真切切地难过的人了。

　　从东京回来之前，崔裕文去池袋的某动漫角色周边店里给许琅买了一些周边。想到有理由再见面，崔裕文在回来的飞机上莫名的开心了起来。

　　一开始宣布要退出她的世界的是自己，对对方并不怎么上心的也是自己，可是在分手之后，执意想维持朋友关系的还是自己。到底是想当朋友，还是只是不能接受，曾经那么喜欢自己的人，一下子就成了再无任何瓜葛的别人？

03

距离给许琅发出消息，已经过去了五个小时。

以往这种情况是一定不会发生的。对于他的任何消息，许琅都是秒回，就连有一次他做噩梦，梦到她错过了早班的飞机，凌晨四点多给她发消息，她都在第一时间回复了他："我起来了，别担心。"

许琅却抱怨了很多次，因为他看完了消息懒得回这种小事，她偶尔还会闹闹脾气，但是很快又当作什么事都没有发生。他也没有放在心上，他觉得许琅的心事来得快也去得快，反正她喜欢自己。

男生有的时候就是这样子，知道了女生的心意，也明白不管发生什么，女生都不会离开自己以后，就开始放肆起来。他们觉得问候得不热切，礼物准备得不周全，这些都不是女生会发作的点，一旦自己掌握了爱情的主动权，在感情里面就注定不会输。

在崔裕文跟许琅之间，许琅的败者地位表现得太过于明显。

对于许琅，崔裕文有着百分之百的自信。自信她还是当年的那个她，一如既往地喜欢自己。

约了许琅见面，想把从东京带回来的周边送给她。本以为许琅会开心地同意见面，却没有想到，崔裕文只收到了许琅发来的消息——

"要不你快递过来？我懒得出门了。"

好不容易说服了许琅出门，崔裕文提着一袋子周边，在冷风中等了两个小时都没有见到许琅的身影。等到双手都僵硬了，他才看到许琅迈着小步子走过来。半年没见，许琅原来的长发已经被剪短，发尾稍微烫了一下，看上去很俏皮。

"你怎么这么长时间才过来？"

"女孩子出门本来就很慢啊，更何况你这种临时喊别人出门的。"许琅的语气里还带着几分抱怨。

以前明明不是这样的呀！崔裕文在记忆里寻找着，以前的许琅从来不迟到，给她发消息随便说点什么就能乐呵半天，也绝对不会用"懒得出门"这种理由来回复自己。

猫咖的位置在马路对面，没有地下通道，只能沿着斑马线穿过去，崔裕文习惯性地想去牵许琅的手，却被她轻轻地躲开了。

"绿灯了，可以走了。"许琅迈开步子，径直朝猫咖走去。

崔裕文看了看空空的掌心，只有一丝丝的尴尬。

自己曾经不珍惜那个位置，现在却没有了再回去的可能。

04

在猫咖找了个角落坐着，许琅随手抱起一只英短来逗，根本没有在意坐在对面的崔裕文说了什么，东京的见闻也好，特意给许琅带回来的礼物也好，都被她隔绝在一旁。

"你还记得我们一起去过的那家生煎店吗？前几天我路过了，那里换装修了。"

"哦。"

"我前几天重感冒了。"

"多喝点热水。"

崔裕文想，这跟设定的不一样啊。记忆中的那个许琅，是不管他说的话题多么无趣，都会津津有味地听下去；不管他怎么样无理取闹，都会守在他身边，第一时间送上关心的，跟现在这个坐在他面前开心逗猫的人，完全不一样。

许琅伸手打了个呵欠，眼睛时不时地瞅一眼手机上显示的时间，好似谈话太过于无聊，只想快点结束。崔裕文心里一惊，此刻的许琅，像极了分手之前的自己，漫不经心、心不在焉。

"你还记得吗？我们一起去过的那座博物馆……"话题就要陷入一种尴尬，崔裕文只能不停地在回忆中寻找一些可以聊的谈资。

"过去的事情，我已经不太记得了。"许琅喝了一口饮料，轻轻地说。

"我不知道你发那些朋友圈是什么意思，或许你只是想表达那瓶饮料很好喝？我也不知道你特意给我带这些周边是什么意思。好的，我很感谢。如果你约我到这里来，只是想抱怨一下我为什么迟到，我为什么不关心你的感冒，回忆之前去过的那些店铺，那对不起，过去的事情，我已经全当它过去了，我不再是你的女朋友，没有义务对你的心情、你的健康负责。当然我也不希望过去再重来一次。有的事情发生过一次就够了，有的心情体味过一次就够了，有的人，爱过一次就够了。不要妄想着还是好朋友这样自我感动的戏码，你不配。"

许琅一口气说完这些话，端起饮料喝了个精光，沉默了一会儿后从钱包里拿出了钱放在了桌上说："多谢你今天的招待，我先走了。感情里并不会有谁一直等着谁，爱也是一件需要回应的事情，时间早就带走了一切，包括，我喜欢你这件事。"

"以后不要再联系我了。"这是许琅最后对崔裕文说的话。

05

走出猫咖的时候天已经黑了，崔裕文提着一袋子周边，心里的空白又多出了一块。

当时自己跑着想要离开许琅，却没有想到，跑着想回来的也是自己。就好像有些商品只会在限定的季节推出一样，下架了就再也找不到了。

崔裕文把纸袋放在了垃圾桶边上，转身走了。

"也许，只能怀抱着遗憾到老了。"崔裕文的心里响起这样一个声音。

Stalker

我刷新了无数次他的微博，解读了他发出的每一条讯息，却读不懂他的套路。

01

　　趁着上课的间隙，我点开了safari（浏览器），页面显示的是一个人的微博，非登录状态下能够看到他发送了什么，又有谁给他评论了，点进关注跟粉丝的选项，还能顺藤摸瓜地找到他最近关注了谁，又有谁关注了他，除了不能看点赞，这简直就是一个非常完美的偷看别人微博的方法了。

　　对，自从微博开始有"访客记录"这种垃圾功能以后，我这种暗地里偷偷观察别人的人就陷入了一种随时都可能会被暴露的恐慌当中。

　　喜欢别人，有的时候并不希望对方能发现，当你意识到你们之间的差异巨大，或者对方已经有了喜欢的人的时候，你就只想躲在角落里悄悄地喜欢他。

　　"你有没有带自动铅笔？"

　　坐在我前面的人突然回头，敲了敲我的小桌板，我心里一惊，说："有的，有的。"我把手机倒扣在桌子上，从包里拿出自动铅笔递给他。

　　"谢谢你哦！"他拿着我的毛绒铅笔笑了一下，"铅笔很可爱。"然后露出两颗小虎牙，又笑了一下。

　　突然间，我的心脏好像中了一枪，我瞬间拜倒在他的笑容里。

　　他就是我的男神，也就是我safari里微博页面的主人。被他这么一打断，我才想起来，刚刚点开他的微博还什么都没有看。再打开微博的时候，他已经更新了一条——"最近打球真是……"

他发微博时，句尾喜欢用省略号，用这种标点符号是他的习惯。配图是一张他在球场的照片，我迅速点击了保存原图，然后退出了 safari。

不过我也很清楚，像我这种普通的女孩，绝对不在他的考虑范围之内，所以，我只要能在安全距离里看着他就好了。女人都喜欢长得好看又会说话的男人，我们女孩不一样，我们喜欢悄悄喜欢，当那个人生命里毫不重要的路人。我们不需要主动，也不需要什么故事，能这样远远地看着就很幸福了，仿佛追逐明星一般。

下课的时候，他把铅笔还给我了，还轻声跟我道谢。我把那只他用过的自动铅笔用塑胶袋封好，收在我的枕头底下，每天晚上睡觉之前都会拿出来看一眼。

这是我喜欢的人用过的铅笔，多么幸运啊！教室里那么多人，他却偏偏只用了我的铅笔，我用这百分之一的幸运告诉自己，悄悄喜欢他是多么快乐的事情啊！

02

小时候看的偶像剧里面总是有这样的情节：平凡的女主角在某个场合对英俊帅气的男主角一见钟情，然后历经了种种磨难，最后成功地跟男主角在一起。这会让人产生一种错觉——不管多么普通、平庸的女孩，总会有王子能发现她们的好，然后他们会幸福快乐地生活在一起。可是身为平凡女生本人，生活却只告诉我，平凡的我一定会在某个场合对某个英俊帅气的男生一见钟情，但是那个人，百分之五百不会喜欢我。

就好像我跟他，一个是在南极笨拙地摇摇晃晃的企鹅，一个则是在沙漠上驰骋的猎豹，这种天生的差异注定我们无法在一起。我无法在炎热中生存，他也无法在寒冰上奔跑，真是遗憾。

第一次见到他，是在新生辩论赛上，他一上台，底下的女生就开始尖叫——

"好帅啊！"

"啊，这就是我的理想型男友。"

"快八卦一下，这个人有没有女朋友。"

周围的女生都表现得特别狂热，好像他没有女朋友就能轮到她们一样。我很有自知之明，我知道即便全世界只剩下我一个女生，他也会选择自杀而不是跟我在一起。

不过我羡慕她们，可以把自己的喜欢坦诚地表达出来。有几个胆大的女生在辩论赛结束以后，就立马堵住了他，拿到了他的微信号并且加了微博好友，然后喜滋滋地分享着他的信息。而我，只能做一个旁观者，听她们说他的故事，然后在心里悄悄给他打上一个一百分，再贴上一朵名为"暗恋"的小红花。

我盯着镜子里的那张脸，单眼皮让眼睛看起来肿肿的，鼻子也不够小巧，实在跟那些"可爱的、好看的女孩"扯不上任何关系。

我很清楚，我就是台下的观众，只能看他跟别的公主一起演出动人的爱情戏码，所以一开始我就摆正了自己的位置——我只能悄悄地喜欢他。

既然不能光明正大地喜欢他，那我就悄悄地关注他，喜欢他的喜欢，有什么错呢？

看到他在微博里晒了一下他正在玩的游戏，我立马去App Store（应用商店）下了一个同款，只要下次排课的时候，又坐在他的身边，我就装作不经意地玩游戏，就能获得"再次跟他说话"的成就一枚。

可是上帝不仅没有给我好看的外表，同时也没有给我适合玩游戏的大脑。

我对着游戏攻略反反复复操作了好多次，手气依旧烂到炸裂，斗技的时候，人物也没有配上很好的装备，一上场就被打了个落花流水。但是这些都不算什么，比起没有话题可以接近他，这些都不算什么。

出于无聊试探的态度，我在游戏里面搜了一下他的微博名字，结果就跳出来了跟他微博头像同样的用户，我看了一眼我的游戏名字，完全不会暴露自己的任何信息。"其实可以加一个好友，然后一起打打游戏组队斗技拿一下资源，还能了解到更多的关于他的事情。"一个声音在心里小声地劝自己。

反正隔着N重网络的距离，他也不知道我是谁，我又不会跟他在一起，加个游戏好友也没有什么吧！

伸了好久的手，还是选择了取消选项，我大概就是喜欢这样偷偷地喜欢他，一旦超过"偷偷的"这个界限，心中的警铃就会响起来，提醒我不要逾越。要是更了解他，更喜欢他了怎么办？爱而不得的遗憾太让人难过了。

不过也有可能是害怕吧，害怕被人嘲笑不自量力，害怕被拒绝。

03

这一周选修课老师出差，我们没有课，想到不能在课堂上遇到他，我的心情又惆怅了三分。

"今天不上选修课，下午大家一起玩桌游，你去不去？"

"好啊！"

反正不去也没有什么事情做，去了的话，说不定还能跟同我一样平凡的男生成为朋友。只是我万万没有想到，在那里会遇到他。

其他人都在打打闹闹喊着这里不对那里不对，他却安安静静地坐在活动室里，抱着吉他随手拨弄着，女生们都装作不经意地将视线落在他的身上，那一瞬间，我心里的警铃又响了起来，我觉得我好像快要沦陷了。

不可以不可以，丑女是不配拥有这么好看的男朋友的，你快醒醒吧！

我推了一下我鼻子上的眼镜，选了一个离他最远的位置坐了下来。内心明明欢喜得要命，表面上却要强行装作镇定，这大概就是暗恋者的通病吧！

玩了一会儿游戏，不太清楚游戏规则的我，早早地就被投了出来。因为过于无聊，所以我走到了吉他旁边，心想："他刚刚弹过的吉他啊！"我伸手摸了一下琴弦，这种感觉就好像我间接地跟他牵过手一样，一股电流从琴弦转移到了我的手指上。

"你也会弹琴吗？"他的声音在我的后方响起来的时候，我吓得赶紧缩回了手。

"不，不会！"我支支吾吾地回答，感觉自己就像一个抄作业被老师发现，在办公室红着脸辩解的小学生一般。

"想学吗？"他说完这句话后，嘴角微微上扬。

偷偷喜欢一个人就是要躲在他看不到的地方，最大的禁忌就是跟他有过多的接触，我心里的警报"哔哔哔"地响了起来。

"想学。"

"你这样抱着吉他，手……"

我的手指却好像瘫痪了一般，始终不能按照他说的指法行动，我自己都有点泄气，他却笑着拉住我的手说："这根手指放这里，这根手指按这里，然后拨弦。"

我木讷地按照他的指示去做，吉他终于发出了不那么难听的声音，他的手还一直覆在我的手上方，除了在公交车上和偶尔拉住扶手的大叔碰到过手，这是我成年以后，第一次感受到男生的手掌，干干的，却有一种很温暖的感觉。

"就按照这样好好练习就可以了！"

在这个瞬间我意识到，除了这个人的脸，这种温柔的态度也是我所喜欢的。

"你身上的香水味……"他好像突然发现了什么，欣喜地笑了。

"嗯，风之恋！"

"我知道，我也有用这个！好巧啊！"

我报以微笑，才不巧呢，要不是看到他很久以前发了这款香水的照片，我一个女孩怎么会用这款香水！

不知道是谁说看我们聊得很来，要给我们拍照。

"来吧！"他半蹲在我前面，"用你们女孩子最近喜欢的那个变脸 App 拍吧！"

在那款相机里面，就算是丑女，也能拥有一百分的可爱，对于他这种温柔，我真是毫无抵抗力。

同学随便选了一个贴纸，给我们拍了两张照片，他看到以后突然笑了："我今天穿的黑色衣服，你穿的黑色的裙子，上次上课的时候遇到你，我穿的白色 T 恤，你好像也是穿的白色！哈哈哈哈……我们俩的衣服还真是，蛮像情侣款的。"

"像情侣款"这几个字就已经足够让我开心不已了，他竟然还记得上次我们一起上课的时候我穿的是白色的衣服，这就好像看综艺节目的 CP 党，突然间被正主喂了一口糖一般，心里甜滋滋的。

"我可没有越过界限把我的喜欢曝光！"我对自己小声说。我按照自己说的界限，在心里筑了一堵墙，不管怎样，我都提醒自己，不能跨过这堵墙。可是，我能控制住的只有自己的想法，我不能控制他，他要在这堵墙上乱涂乱画也好，或者挥舞着工具要推倒这堵墙也好，都不是我能控制的。

回家以后我就把我们的合照设为了手机壁纸，只要一点开手机就能看到他的脸。

我把床上的帘子拉好，往这个小空间里喷了一点风之恋，整个小空间里都充斥着淡淡的柑橘味，就好像他在我身边，给了我一个拥抱一般。

04

之后的发展出乎了我的意料，我和他经常遇到，也挺聊得来的，就顺势交换了微信。我们选修了同样的课程，导致我经常能收到他的微信。

"帮我占个座呗！"

"晚上一起去练琴？"

这种突然降临的暧昧让我既害怕又享受，害怕的是一旦我接受这种设定，最后就会沉迷在这个角色当中无法走出来，但是能跟自己悄悄喜欢的人有所互动，又是无比的甜蜜，就好像书里经常会写的那种裹着蜜糖的毒药。

但是，勇敢为爱走钢索的人，无所畏惧。

那段时间我一直跟他保持着联系，微博的内容也都是大家一起玩的照片。我逐渐退出了追踪的世界，会在他朋友圈更新的时候点个赞，悄悄地发一些只有他能够看到的小情话。

中间放了一次长假，我跟老师一起去参加了一个设计节的项目，他回了海边的老家。

收到他发来的消息的时候，正是演讲的时候，台上的设计师正在跟大家分享自己多年的设计经验。我在台下扛着相机一边拍照，一边速记他讲的内容。手机一直"哔哔哔"地响个不停，我悄悄走到一个不起眼的角落里，拿出手机看了起来。

"海边竟然有孔雀！"

"太神奇了。"

"想分享给你看。"

一连蹦出好多条他发过来的消息，还有一张他在海边的照片。

真可爱啊，跟他一起去海边一定超开心的吧！

之前因为设计节的物料没有及时到位，老师还把我说了一顿，现在想起来，这些不好的事情大概都只是为收到他那句"想分享给你看"做铺垫。

我心里的警铃一直在响，喜欢的情绪都要溢出来了，想迫不及待地飞到他身边，告诉他——我喜欢你，超喜欢你，全宇宙第一喜欢。

我怀着这种甜蜜蜜的想法，一门心思期待着长假结束，然后回学校，第一时间去见他。

恋爱的道路上，勇者是不会失败的。我暗自给自己加油打气，劝自己做一个勇敢的女孩。

太久没有看他的微博，睡觉之前，我又开始了我的闲暇日常。

我点开 sarafi，就在三分钟以前他发了一条新的微博——赢了！配图是球场的照片，还有一瓶喝了一半的饮品。

　　他平时喜欢打球，这一点我是知道的，毕竟当了这么久的偷窥者，但是那瓶饮料，女人的第六感告诉我，似乎有什么地方不对劲。

　　我倒吸了一口凉气，又点进了他的关注列表，果然在我没有当偷窥者的这段时间里，他新关注了好几个人，我一个个点进去看了一下，很快就锁定了怀疑目标。

　　就在六个小时前，他关注列表里面的一个女生发了一张自制饮品的图片，如果没有猜错，就是他晒出来的那瓶喝了一半的饮品。

　　我只能偷偷地将我和他的合照设为手机壁纸独自欣赏，他们俩的合照却堂而皇之地出现在女孩子的微博里。看了一下时间，差不多就是他给我发消息的时候，我再一次倒吸了一口凉气，只觉得肚子里仿佛被人放了几吨冰块，凉得难受。

　　"每次合照都故意拍他丑丑的样子。"

　　"@ 我那个只会玩游戏的男朋友！"

　　像我这种，偶然穿了同色衣服、对方随口说一句"很像情侣衫"都会欣喜得找不着北的女孩，要是成了他的女友，估计会开心得连做梦都会笑出声来吧！听他温柔地说着"不要闹了""你最可爱啊""都给你买""你好看就可以啦"的那个女生是不是也会跟我一样，悄悄地在心里给他贴上"可爱、超可爱、无敌可爱"这样的标签，会不会因为他的一点小事一会儿欣喜，一会儿难过呢？毕竟我只是那个"穿得好像情侣款"的人，并不是那个真正能拥有他的人。

　　我愣了愣，不知道应该怎么办。

单方面地陷入喜欢的状态中，又单方面地宣布结束这段喜欢，都比站在他面前，小心翼翼地问他："我喜欢你，你可以做我的男朋友吗？"又或者分开的时候，哭哭啼啼求着他不要离开自己要来的酷炫。

只要确定了对方有喜欢的人，我们就可以中止这一场悄悄的喜欢，然后换下一个人重新开始。虽然在这段感情中，无法收获到对方给你准备的意外惊喜，但是也不会拥有患得患失、冷战、猜测对方爱不爱自己这样痛苦的体验。比起在爱恨中翻滚，我们丑女孩的悄悄喜欢，简直太划算了。我在心里一次次重复着这些道理，多好啊，我们没有在一起，不会吵架，不会冷战，我也不需要等他的电话，当一个苦情的女孩！

不过现在，我是应该难过我们终究没有在一起，还是应该庆幸我的拖拖拉拉反而让我看明白了一个人，看明白了他的喜欢同时属于几个人，而不是专属于我的？

可是看明白了，又能怎样呢？

我不会因为看明白了而原谅他，我觉得他很过分，明明有在撩其他的女孩子，为什么还要对我这个猪精女孩这么温柔，让我沉沦在这种温柔的假象当中，以为世界上真的有奇迹发生呢？

单相思就是一个人做的梦，有人在梦境中突然闯进来，跟你说了点什么，你心里就开始产生了期待，可是很快梦醒了，对方又在消失之前大声跟你说："哈哈哈，其实我是骗你的哦，你当真了吗？"

我也不知道自己到底有没有当真，我只是无助地看着手机屏幕上那句"想分享给你看"。想来他也只是一个普通人，悄悄地玩着小暧昧、小套路，猜中了女孩子的心思却又装作不明白。

但是喜欢这件事，完全无法掩盖。不喜欢也没有关系，死缠烂打根本不是我们这种猪精女孩的做法。尽管我不够自信，但是也不是别人打发无聊时间的陪练。在峡谷打陪练说不定还能收获一堆皮肤，可是做他的恋爱陪练，我却只能收获到"对方已成为别人男友，并还时不时地想撩一下你"这样的成就。

谁稀罕啊！

我点开微博，在他的页面下轻轻敲了几个字——

"垃圾，原地爆炸吧！"

单恋
大作战

如果单恋也是恋爱的一种，那我肯定是恋爱高手的级别了！

01

　　粟原跟着朋友站在演唱会内场的时候，还觉得一切都好像是个梦。

　　这一次的巡回演唱会在 C 城只有一场，订票的那天粟原手都在抖，时间一跳到十二点整，粟原就赶紧点了支付的按钮。

　　"VIP 的票啊，不错啊粟原！你要是把这些钱都花在打扮自己上，你早就有男朋友了。"

　　"你给我闭嘴。"

　　粟原随手拿起一只玩偶，就往宁洲身上扔去。

　　"切，现在一把年纪倒成了迷妹了！"

　　粟原自动屏蔽掉了宁洲的话。过了青春期，虽然还会在电视上看到小鲜肉时感慨造化可怕，却断然不会像高中时一样花钱买专辑，买贴纸。

　　但是周杰伦不一样啊！

　　"对待自己的男朋友，当然要给他爱的供养了。"

　　"老公的演唱会都不去买内场，那要买谁的？！"

　　只有周杰伦的演唱会，才会让粟原觉得好像一瞬间穿越到了十年前，疯狂地去抢票，大声地跟着人群一起合唱。

很多人的青春期都是靠周杰伦支撑起来的，栗原也不例外。

青春期里的很多人都随着年龄的增长消失了，但是周杰伦没有，宁洲也没有。这样说起来，栗原开始觉得自己拥有了抽中五百万的好运气。

02

演唱会当天，栗原下班就赶紧收拾好东西往会场跑。

"师傅，快，我要迟到了。"栗原刚坐上出租车后座，就立马对师傅说开快点。

"去看演唱会啊！行嘞！保证让你准时到！"

师傅把车从拥挤的主干道拐进了路边的小路里，终于告别了堵车，车子行驶过的地方，都被笼罩在温柔的夜色中。

街边的高中生刚刚放学，一群学生挤在奶茶店的场景，看上去十分眼熟。栗原想起来，在自己读书的那个年纪，放学的时候也是要跟同学一起去奶茶店买一杯热奶茶，再来一份大鸡排，吃得饱饱的，才能回家的。有的时候饿得要命，却正好遇到喜欢的男孩子出来，自己狼吞虎咽的样子被对方收在了眼里，是要好几顿不吃饭，才能挽回形象的。

栗原坐在出租车后座，嘴角因为回忆有了一丝丝弧度。

一开始也是不喜欢周杰伦的吧！

完全听不懂他唱了什么，但是身边的男孩子、女孩子全部在听周杰伦的歌，就连自己最好的朋友也抛弃了名侦探柯南，开始每天哼着《双截棍》。

"你听听嘛，好听的。"

"不要，走开啦！我要学习。"

女孩子总是忍不住打打闹闹，圈圈满教室追着粟原让她听歌，粟原则一步步倒退，想要躲开圈圈的手，只是有的时候顾得了前面，却忘记了后面。

脚后跟好像踩到了什么东西，粟原一个趔趄，差点要摔倒的瞬间，却被人扶住了肩膀。

"再往后退就危险咯。"是一个男孩子的声音。

粟原回头的时候，一不小心扯掉了男生插在 MP3 里的耳机，"我顶着大太阳，只想为你撑伞"，歌曲在走廊上响了起来，粟原的脑海里只记住了这句歌词，和宁洲的脸。

好看的男孩子，果然会发光啊！

03

"小姐到了哦。人太多了，车开不过去，只能麻烦你在这边下车走过去了。"

粟原跟着人潮走着，大家都在入口处集合。宁洲比粟原早到，一眼就在人群中发现了好像无头苍蝇一般找不到方向的粟原。

"笨蛋，这边啦！"

"我说你什么时候可以不约我来看周杰伦啊！"跟着大部队缓慢地挪动着，宁洲大声地说自己是个九五后只想听 tfboys 唱歌。

"等我找到男朋友，你就可以退休了。"粟原眯着眼睛盯着脚下的路，有一搭没一搭地回答着。

八点钟的时候，整个会场的光暗了下去，所有人都打开了粉红色手灯，在一片粉红色的光芒中，周杰伦踩着小舞步登场了。

音乐响起来的那个瞬间，全场都沸腾起来，原本吵着说要去听 tfboys 的宁洲，此刻专注地从包里翻出纸巾塞到早就哭成泪人的粟原手里。

十七岁那年，粟原不喜欢周杰伦，却被宁洲强行给扭转了过来。

本来粟原跟宁洲的接触并不多，但自从不小心踩到他，差点跌入他的怀抱之后，他们的接触就突然间多了起来。去饮料店能看到他去买薄荷苏打；跟着大家一起下楼做课间操的时候，能看到他好看的背影。不小心四目相对的时候，粟原会立马把视线移开，装作什么都没有发生似的拨弄一下额前的刘海儿。

"好险好险没有被发现。"心里的警报瞬间拉了下来，粟原躲在一个小角落里小声地喘气。

真正注意到宁洲，是那次晚自习停电，班上的同学起哄让他唱歌的时候。

一直戴着耳机的宁洲，被大家推上台后说："那我唱《世界末日》好了！"

其他的男生都在大声笑："喂，宁洲，我们是给你一个红的机会哦！"

跟说话的时候有点戏谑的声音不一样，也没有变声期的尴尬感，总之是很干净的少年音，在教室里响了起来。

粟原端坐在座位上，像是在听一场演唱会一样专注。

那天回家以后，粟原就把周杰伦的所有歌曲都下载到了 MP3里面，有事没事就跟着唱"哼哼哈嘿，快使用双截棍"。

半个学期换一次座位，粟原终于摆脱了话痨的闺密的魔爪，她前一秒还在庆幸，下一秒就被搬着书坐在她身边的宁洲惊了一下。

十一月的天空都是乌云，阴沉沉的，粟原却觉得，好像有一束光冲破了云层照进了她的生活里。

好看的男孩子，真的会发光，真的是神一样的存在！

04

"粟粟，没想到我们认识了这么多年，你还是单身。"宁洲在合唱的间隙，抓住了吐槽她的机会。

粟原一边擦眼泪，一边想：也不是没有过喜欢的人啊！

不就是单恋吗？谁不会啊！

只是如果不说出来就能和他一直当朋友，站在他的身边，成为他最贴心的死党，她情愿守在朋友的这个位置上，把自己的喜欢变成一个小秘密藏在心里。

粟原不禁想起那次圣诞节，跟宁洲成为同桌以后过的第一个圣诞节。

一大早上，宁洲就收到了不少的礼物，粟原也悄悄地跟着死党一起去烤了圣诞的姜饼人，只是一直不敢送出去。

宁洲一整天趴在桌子上，一副毫无精神的模样，本来粟原设想的趁着他不注意的时候悄悄塞到他课桌里的想法就直接被否定了。

"你怎么了？无精打采的。"粟原以为作为同桌应该互相关心。

"没有收到圣诞节的小饼干，宝宝不开心。"一开始粟原以为长得好看的人都很高冷，但是跟宁洲熟了以后才发现，他就是一个神经病。

"你桌上堆的是什么啊？真的是！"粟原翻了一个白眼，小心地把书收到书包里面。

宁洲却依然没有从座位上起来，只是小声地嘟囔："作为同桌，我平时有好吃的都分你，你看看你，圣诞节都不知道送我点吃的。"

大概是被念得有点烦，又或者是觉得明明自己准备了小礼物，凭什么被他这样说，粟原气鼓鼓地从抽屉里拿出姜饼人丢到了男生的桌上。

"是给我的吗？"男生好看的眸子里折射出来的光线让粟原整

个人都有点漂浮，也就是在那个瞬间，粟原明白了，有些人你想要一直拥有他，那就只能永远跟他保持在一个安全的距离内，比如说永远做他的朋友。

后来交往过的几个男生总是笑粟原："你似乎不像其他的女孩子那样有很多爱好，比如烘焙啊什么的。"也不是没有爱好，更不是没有兴趣，只是一旦做好了什么东西，脑子里就会想起宁洲的笑脸，以及那一句"是给我的吗"。

就好像现在，以前交往过的男孩子，全部都不再和她有联系。而宁洲，却成了她的好朋友，可以一起看演唱会，一起看电影，一起吃饭，一起看展览。

这样的关系，绝对不会被打破。

05

演唱会到了现场点歌的环节，有一个男生为女朋友点了一首《园游会》，还希望小公举祝他们幸福。

后来现场抽选观众的时候，画面定格在了宁洲的脸上。

粟原倒是比当事人还要激动，摇着他的手臂大声说："天啦，宁洲你运气未免太好了吧！"

话筒递到宁洲手上的时候，粟原只顾着去看视线前方的周杰伦，难得他离她这么近，想到她青春期喜欢过的两个人此刻都在她的身边，粟原就有一种自己是人生大赢家的错觉。

"这位男生，你想点什么歌曲呢？"周杰伦站在台上问宁洲。

"本来想点一首《开不了口》，但是你今天已经唱了，那我就点一首《简单爱》，送给我喜欢的女孩子。虽然时间很长，开口的机会还有很多，但是我已经等了很多年了，所以，我想问我身边的女孩子，嗯……你愿意跟我一起去我外婆家吗？能不能给我一个机会，让我牵着你的手不放开呢？"

"那位女生，你愿意给你身边的这位男生一个机会吗？"

周杰伦大声地喊出这句话，边上围观的吃瓜群众也顺势朝他们喊："答应他，答应他。"

"好的，接下来我为大家带来这首《简单爱》，祝你们幸福哦！"

06

最后周杰伦唱了什么，粟原完全没有听进去，尽管，歌词早在很多年前她就会背了。

演唱会散场的时候，粟原跟宁洲并排走出去，初夏的气息笼罩着整座城市。

"吃不吃冰激凌啊？"宁洲伸手敲了敲粟原的头。

"好呀。"

宁洲买了冰激凌过来，又开始闹："小姐姐，吃了我的冰激凌，你就要跟我回外婆家哦！"

回家的路上，看着走在前面的宁洲，粟原想如果他们两个人能一直这么走下去，应该也不会太差。这么多年下来，他能包容自己的坏习惯，记住自己喜欢吃的零食，为人还很善良，长得又高，长相也是自己喜欢的样子……

"粟粟，高中时候的圣诞节你还记得吗？我很喜欢你做的那个姜饼人，我是故意趴在那里等你拿出来给我的。我也知道你的担忧，跟我成为朋友，就能永远陪在我的身边，但是我不想跟你当什么朋友，我骗了自己那么多年，我不想再骗自己了，我猜你也是一样吧！"

粟原笑了笑，喜欢一个人当然不会甘心只跟对方做朋友，单恋了这么多年，一直逼自己站在所谓的朋友的立场上，却没有想到自己喜欢的人，也刚好喜欢着自己。

看来，五百万一定是她的，没得跑了。

"宁洲，我喜欢全家的白桃味冰激凌哦，买一送一，我吃不完，以后都靠你咯。"

"你都这么胖了还吃？！除了我估计没有人会想跟你在一起了。"

"哼，你嘴巴这么毒，除了我估计也没有人会想跟你在一起了好不好。"

"没事，外婆就喜欢你这种胖一点的女孩子，高中家长会那会儿她就觉得你不错了……追了这么多年，终于被我追到手了。"

荧幕恋人

打开方式不一样，
遇到的爱情也不一样。

01

　　每天闲下来的时候，我都会坐在角落里，拿出手机，一条一条仔细地读完 QQ 群里的消息。

　　我终于在前段时间加入了喜欢的男孩子的后援会，是的，沉迷二次元的恋爱很久以后，我终于有了喜欢的人。

　　新年看一档综艺节目直播的时候，我无意间知道了这个男孩子，暂且用光光来代替他的名字吧！直播过程中出了一点点问题，光光的直播软件掉线了，弹幕里一下子飘出来很多指责他的话，他随口说了一句："稍等，等我再试试。怎么会突然连不上了呢？"说话的声音一下子就戳到了我这个声控的妹子的内心，"声音真好听啊！"我不禁在心里小声地感叹着。更让人惊讶的事情在于，在软件掉线了大概五分钟以后，光光怕大家干等着很尴尬，竟然在直播里唱起了歌。

　　"还要等软件重启，不如我们来唱歌吧！"

　　干净的声音，就在综艺直播的现场响起来了。虽然我很想看直播，但是在那一瞬间我却希望软件重启的时间能再延长一点，这样我就能多听这个男孩子唱一会儿歌了。

　　新年的第一天遇到了喜欢的男孩子，我在新年愿望单上写下"想跟好看的小哥哥当朋友"的愿望。

　　一旦确定了一个目标，勇敢的单身斗士就要努力行动了。遇到一个稍微有点好感的人已经很难得了，我当然要竭尽全力地靠近他。

很快我就从直播软件上找到了他的微博账号，了解他的日常很重要啊！嗯，能分享歌单的朋友才是真的朋友，因此我又去关注了他在音乐网站上的账号，在我坚持不懈地给他点赞、刷评论后，我终于得到了光光QQ群的入场券。

这种能近距离跟男神说话的机会，多么难得啊！

逐渐了解了他以后，我发现他不止声音好听，人也好看，手也好看，声控、颜控、手控的人只要饭上他一个人，就能让自己所有的喜好都得到满足。

加入QQ群的第一天，我盯着光光的QQ号看了好久，最后还忍不住用头狠狠地撞了下桌子来确定自己不是在做梦。一想到我的男神跟我在一个QQ群里面，我说的话他都能看到，我就忍不住一阵傻笑，都有男神的QQ了，四舍五入一下就是一家人了。

02

群里的女孩子特别多，一旦光光说话，我发的消息就会迅速被淹没在QQ消息的海洋当中，我进群那么久了，却从来没有跟光光单独互动过，这让我有点难过。一想到我要跟一千多个女孩子一起来迷一个这么可爱的男孩子，我就恨不得把那些人全部炸掉，喜欢的食物跟喜欢的歌曲都可以分享，但是喜欢的男孩子，当然只能我一个人独享了。

光光特别喜欢吃东西，经常会在 QQ 上发各种美食。

那天光光是要去吃牛排，却在快到店面的时候迷路了。

"完了完了，我迷路了，手机也要没有流量了，找不到那家店啊！"光光的消息刚一出现，就有一大拨迷妹抢着发言。趁着她们正在感慨"哥哥你还没有到啊"的时候，我默默地打开了百度地图，开始搜索那家店怎么走，顺便还记下了联系电话，以及周围的标志性建筑，然后一鼓作气，点开了私聊的对话页面，把这些消息全部发给了光光。

"哦，多谢多谢，帮大忙了，我看看，甜品店的附近是吧？"

"谢谢你哦，酱酱。"

看着对话框上男神敲出来的字，我整个人开心得都要飞起来了。这一次，在一千多个人当中，我可是占据了独特的地位，至少，这句谢谢是男神给我的专属回应。我捧着手机开心地转了好几个圈圈，好像光光已经跨过了屏幕，此刻正站在我的身边，笑着对我说谢谢一样。

03

因为给光光指过一次路，我跟光光的距离似乎拉近了不少。

我们不仅成为微信好友，还能时不时地聊一下天。

光光真的很喜欢吃东西啊，巧的是，我也很会做东西呀，不管是中式料理还是日式料理，又或者是西式烘焙，只要看一下别人的食谱，我都能做得八九不离十。

"你好厉害哦！"

我躺在沙发上，把自己做的料理的照片发给光光的时候，他在屏幕那端快速地回复了我。

"我就喜欢你这样会做饭的女孩子，感觉再也不会饿肚子了。"

看到光光发过来的消息，我激动得手抖了一下，手机掉下来砸到了我的鼻梁。

他喜欢的不就是我这种类型的女生吗？

果然，想要抓住一个人的心，就要先抓住他的胃，古人说得一点都没有错。

情人节那天，光光一大早就在群里跟大家打了招呼，我虽然不是很开心，但是也跟着群里的女粉丝们一起说起话来，说这又是一个没有男朋友的情人节。

文字才刚刚发送出去，我就收到了光光的私聊信息。

"你怎么没有男朋友呢？"

"你不是有我吗？"

我还没有来得及说什么，电话就响了起来，快递小哥说我有一个包裹到了，我实在记不起来我有在网上买东西，就在我纠结可能是别人填错了电话的时候，快递小哥不耐烦地说："你是住在××小区一栋吗？名字是光光的女朋友。你们这些年轻人，送个花还这么折腾，好啦，是你，开门下楼来拿。"

哈哈哈哈，光光的女朋友！我踩着拖鞋就下楼了，开心地从快递小哥手里接过花。

喜欢的小哥哥也喜欢自己，真是太好了，一点都不枉费我在新年愿望单上抄了一整页"想跟好看的小哥哥当朋友"这种话。

当朋友啊，还是女朋友级别的，感觉超酷。

"跟你聊了这么久，觉得跟你聊天挺开心的，希望每天都能跟你说说话，就算是没有什么意义的废话也可以，我们要不要在一起试试看？"如果说之前收到的消息都只是一种小暧昧，那么接下来收到的消息简直能让我的心脏超高负荷地运作，都快要爆炸了。光光啊，那个高高在上的男神，平时傲娇耍脾气的男神，竟然问我要不要和他在一起试试看？！

当然要在一起啊，跟不好看的男孩子在一起也是浪费时间，跟好看又喜欢的男孩子在一起，时间浪费得才有意义。

不知道我前世要做多少好事，才能换来喜欢的人跟自己告白这种事情啊。

"好呀好呀！"我觉得如果有相机拍到了我的样子，照片上一定是一张谄媚又狗腿的脸。

鉴于光光有很多迷妹，所以我们俩的恋爱开始得很隐秘。虽然他每天仍然会在群里面聊天，但是跟我私聊的时间变得更多了，他不跟群里面那些女孩子说的小秘密，全部都会说给我听。

比如说家里养了一条小狗叫发财，长得丑丑的，每次都喜欢叼着玩具满屋子跑；比如说他上大学时英语很差，买了四级的答案，却迟迟不敢看……这些都是别人所不知道的有关于光光的事情啊。他还会小声唱情歌给我听，不知道选什么衣服的时候，也会发照片给我让我帮忙选。真开心啊！这样的日子，让我感觉自己作为一个女朋友，真真实实地存在着，像韩剧里面的灰姑娘一样，在舞会上被自己的王子牵起，开始了一场秘密的恋爱。

"现在还不能公开我们的关系，感觉真是委屈你了。"光光时不时会这样跟我说。我们在一座城市，但是他是一名网红，而我只是一名普通的咖啡店店员，被人看到了总归是不好，这些我都能理解，所以我尽量不因为这些小事跟光光吵架，我会对他说："你真的很懂事啊，有你在身边真好。"

光光的手指很修长，特别好看，一想到这个浑身上下都闪闪发光的人是我的男友，我就觉得，作为他的女朋友，我需要更懂事，不能给他添麻烦，毕竟跟他在一起，就已经够给他添麻烦了。

所以我一定不能介意他跟我在一起的时候不停地看着手机，也不能介意他在网易云音乐上不去关注我反而关注了其他的女孩子，更不能介意他在游戏里带着别的女孩子一起组队刷怪，甚至语气亲昵地跟她们说话。

那时候的我觉得，喜欢，就是要容忍对方的一切。

我要做的就是做一个可爱的、体贴男友的女朋友。

04

一直到那天在豆瓣小组上看到别人爆料的时候，我还是相信光光的，我相信他是个善良可爱的男孩子，尽管他有点毒舌，有点骄傲，但是一定不是会劈腿卖人设的人。

"哼，同时交往了五个女孩子，个个都喜欢，个个都撩，还说不炒粉，也是厉害了。"

"哦，他还说因为自己是个小网红，暂时不能公开跟我的关系，还说觉得特别委屈我，他到底跟多少女孩子说过这样的话？"

"就想知道这样卖人设到底有多少女孩子上钩了？"

"别的女孩子送的礼物转手就送给别人，这种男的真的是醉了好不好。"

我坐在角落里，把帖子看了一遍又一遍，又点进微博看了一遍又一遍，直到确定爆料的人根本没有打错名字、用错照片的时候，我才终于明白自己不是光光嘴里说的唯一的良人，他的良人太多了，我只是其中的一个。不然，我送给他的手表，又怎么会出现在别的女孩子的照片里？我最喜欢的那款孔雀绿的手表，在白衬衣下面特别好看，送给他的时候，我还忍不住拍了几张照片，偷偷摸摸地发到一个没人关注的小号上面，生怕自己的小确幸被别人发现了。

爱情从来都不会让人失望，让人失望的只是提供爱情的那个人罢了。

光光 QQ 群的消息弹出来一次又一次，我都没有去看，无非就是洗白自己的说辞而已。在我们私人的聊天记录里，光光也一直没有给我一个解释，可能是要解释的人太多了，排队来算的话，我的排名也比较靠后吧！

我退出了 QQ 群，也不再关注跟光光有关的账号。网络上的小红人，谁知道他们是怎样的人呢？也许在网络上能说会道，现实生活中是一个星期都不想说话的死宅的人也说不定。我们喜欢的，也许就是他们营造出来的那个假象，假象中的他们好看又贴心，跟我们日常生活中见到的那些人不一样，所以我们理所当然地这么相信着。

"以后再也不追这些小网红了。"我一边刷着微博，一边暗自发誓。手指不自觉地点开了一个视频，里面的男孩子特别好看，高高瘦瘦的，打游戏的时候也特别好看，一看就是我喜欢的类型。

"啊，这个男孩子的微博可以关注一下，嗯，有后援会的 QQ 啊，不如也加一下吧，说不定还能加到微信呢！"

失恋
阵线联盟

重庆没有森林，也没有金城武，
之后也不会有爱你的我们。

01

"不好意思，没有做到你的要求，我跟他也分手了。"

收到那个女孩子私信的时候，我愣了三秒钟。

对于那个 ID 我当然是很眼熟的，她跟 chico 秀恩爱的时候，我在电脑这头气得牙痒痒，内心咆哮过无数次，希望他们早点分手，可是没有想到，真的到了这一天，我竟然圣母般地觉得可惜。

她说的要求，大概是指我之前回答过的一个问题——"你希望你的前任的现任做到的事情"。我当时大概是脑子抽了才会去回答这种问题，他们的生活关我屁事啊，他们爱做到什么事情就做到什么事情，跟我这个被红牌罚下场的前女友有什么关系啦！不过这个女孩子也真是，还真的去看这个，指不定看完以后心里多添堵呢。

"那个只是写着玩玩的啦，不过你真的不是在跟我开愚人节的玩笑吗？"我犹豫了一下，在对话框里敲了这些字，眼睛瞄到电脑屏幕上显示的日期，"4 月 1 日"这几个字特别显眼。肯定是愚人节的玩笑啦，拜托，开玩笑都开到男朋友的前女友这里来了，过分了啊！我迅速打开微信，想跟闺密吐槽一下，还没等我敲完字，女孩子的消息就又传送了过来。

"没有开玩笑。"

我放下手里的薯片，不知道是要说苍天有眼还是应该安慰那个女孩，我曾经所在的位置被她取代，而现在她的位置又将被其他人取代。我也曾被他们秀恩爱的微博气到半夜飙泪，也曾经无数次在孤单无助的时候想起 chico，想起我们曾经的那些约定。

失恋的那段日子可真痛苦啊，我在记忆里搜索了一下，随便哪一帧都是不开心的，此刻我已经忘记了曾经我也深深厌恶过这个女孩的事实。

"开心一点，失恋没有什么大不了的。"我在对话框里敲出这句话，点击了发送。

虽然觉得有点尴尬，但我还是没有推开那个女孩，我心里有个小人在骂我傻，当时可是这个人夺走了我的位置！可是又能怪谁呢？感情的发生毫无预兆，感情的结束也毫无预兆，chico 总能迅速地投入到下一段感情里，而那些女孩却跟我一样，一个个加入了失恋阵线联盟。她也只不过是一个普通的女孩，只是那个时候恰好拥有了 chico 的爱而已。

我点进好久没有看过的 chico 的微博主页，这里也曾是我跟他交流的地方，我读完了他所有的微博，分析过他每一次的情绪，却始终读不懂他的心。

"不行就分，喜欢就买，多喝热水，重启试试"配上一组黑白照片，大概是在祭奠他刚刚死去的爱情吧！虽然人人都说这是人生箴言，值得铭记，但是人生中会有那么多问题，遇到每一个问题都跟 chico 一样，抱着放弃吧，下一个会更好的态度去对待，说起来也确实会轻松很多吧。

问题不会有什么实质性的解决，只要一时轻松，这样就足够了。

我就是那个他为了轻松而放弃的人，那个女孩也是。

女孩说要加我的微信，我又犹豫了一下，最后还是报出了自己的微信号。不知道是好奇对方会说什么，还是好奇对方失恋以后会不会跟我一样痛苦，总之我鬼使神差地将对方添加为了好友。不过大家也没有说什么，只是默认了被同一个男生甩掉的女生，成为自己的微信好友而已。

世界上很多拥有相同喜好的人，他们会成为朋友，喜欢同一首歌大家可以一起唱，喜欢同一部电影大家可以一起看，喜欢同一个偶像大家可以一起成为迷妹，但是喜欢上同一个现实生活中存在的个体，公平跟分享就成了天方夜谭。

02

我跟女孩的聊天就止步于那一次，从此大家都活在彼此的朋友圈当中，自从大家都摆脱掉"chico的女友"这个标签后，我们看对方也顺眼得多。她偶尔在朋友圈推荐的电影，陪我度过了不少无聊的夜晚，我分享的歌单，也时不时地会收到她的点赞。

命运却总是喜欢捉弄人，又或者说有的人注定是要遇见。我在烧烤店排队等号的时候，被一个女孩子盯着看了很久，怎样啦，是没有看过一个人出来撸串喝酒吗？

我也不怀好意地瞪回去，隔了差不多一分钟，那个没有礼貌的女孩才开口："你是不是林晓阳啊？"

"啊？你认识我吗？"我实在不记得我跟面前这个女孩有什么交集，难道是什么长相突变的小学同学？我绞尽脑汁地在记忆里寻找着她的身影，然后又瞄了一眼她手里拿着的号码牌，我觉得这个人很有可能只是想跟我拼个桌，毕竟我是三十六号，而她是九十七号，这样排下去她还不知道要等到什么时候。

"我看过你的照片，在微博上。你之前跟 chico 在一起吧？我们加过微信的。"她扬了扬手机，画面停在我的微信个人资料上。

如果她还跟 chico 在一起，那我们的见面就会异常尴尬了。我应该会十分懊恼现在的我没有化妆，踩着一双拖鞋，随便戴着一副眼镜，一点都没有展现出过得很好的前任姿态，还会在看到她时被气到揪心、破口大骂甚至动手打人呢！如果不是 chico 后来喜欢上这个人，那我也不会在漫长的夜晚痛哭失声。可是现在她跟 chico 也分手了，她跟我一样，是一个在恋爱这片大海里被放弃要溺亡的人，那些爱也好，恨也罢，此刻都变成了一种理解。

我理解她失恋的痛苦，理解她拥有喜欢的人的快乐，因为，我也跟她一样，曾经因为拥有那个男孩而感到开心，我也跟她一样，曾经陪伴在那个男孩的身边啊。

"三十六号，三十六号在吗？"

"在在在，这里。"

"几位？"

戴着红色帽子的服务员开始叫号，不知道是不是被那抹刺眼的红色刺激到了，我鬼使神差地说："两位。"

现在可真是失恋阵线联盟了！两个曾经看彼此不顺眼的、视彼此的存在为芥蒂的人，此刻竟然坐在同一张桌子上，并决定一起吃一顿饭。

　　我可能是脑子被门夹坏了吧！

　　在食物上桌之前，我们陷入了短暂的沉默，两个完全不熟的人第一次见面，我们要聊什么呢？是说最近某一个品牌的口红出了新款还挺好看的，还是跟她说我最近迷上了一组过气 CP 每天都觉得很开心呢？

　　"我前段时间去旅游散心了。"女孩先开了口。

　　旅游啊，我在脑海里回忆着，我好像分手之后也去过呢。我分手以后做了很多事情，跟室友一起绕着海岛环游了一圈；喝了很多酒站在海边破口大骂，虽然知道就算骂得再大声，声音也不可能横跨大西洋、太平洋传递到 chico 的耳朵里；我还偷偷去买了一包烟抽。记忆里最后一次见到 chico 的时候，他就是靠在窗户边抽烟，忽明忽暗的小红点就好似我的心一般不明朗。

　　"我们也有很多美好的回忆。"chico 靠着窗户，吐出了一个烟圈，我却在这句话里面感受到了一种不安，在一起的时候，为什么要突然聊回忆这些事。我脑海里突然冒出一个可怕的念头，是的，就算有很多回忆，说不定也会被放弃。女人的第六感总是很灵，没过多久，chico 就跟我说了分手，那些回忆他都不要了，就连一点挽回的余地都没有，真是气死人了！他奋不顾身地抛弃我，就是为了跟这个女孩在一起，现在我却跟她坐在这里吃饭，这就更加气人了，这样想着我就在啤酒那一栏重重地画了个勾。

"去了哪里呀？"我就着她的话题问她。对方已经抛了一个话题出来，虽然我不怎么感兴趣，但是尬聊一下也比两个人干坐在这里等上菜好吧！

"重庆。之前 chico 说，要是有时间一起去重庆玩。我坐在轻轨里面穿过重庆的河流还有房屋的时候，突然间觉得有的事情好像没有那么重要了。"

热热闹闹的烤串店里，周围都是食物的香味还有大家的笑声，可是我却好像身处冰冷的极地一般，"洪崖洞真的好好看啊！""想去拍照。""你会愿意跟我一起去吗？"我甚至都能回想起来 chico 在我身边说这些话时的样子。

"分手以后，我也去过重庆。他也跟我说过，一起去重庆。"接过服务生端过来的啤酒，我咕噜咕噜喝了一大口，才把这句话说出来，"说好一起去的地方，最后只有我自己去了。"我想起了那天我走在洪崖洞里的事情，夜晚的洪崖洞亮起了各色的灯，身边来来往往的人似乎都笑得很开心，只有我，一脸的不高兴。原本应该跟 chico 手牵手走在这里的，我站在他的旁边等着他拿相机拍洪崖洞的照片，说不定他还会突然间把镜头对准我。当时觉得非常遗憾，觉得自己以后都不会再爱上别人了，这一场失恋仿佛让我失去了全世界。

但是听到女孩说 chico 也跟她约了一起去重庆，曾经残留的那点遗憾就全变成震惊了。所以他是跟每个女朋友都约了去洪崖洞吗？而最后，他自己没有去，倒是那些女孩，一个个都在分手以后开始了曾经约好的旅程。

拜托他是要怎么样啊，重庆旅游局的托吗？把一个个女孩都往重庆送？

恋爱的时候他对每一个女孩都是真爱，会邀请每一个真爱都去他喜欢的地方，结果拖到最后分手了，所有的真爱都被放弃了。

我们都端起桌上的啤酒喝了一口，脸上的表情都很微妙，估计谁都没有想到，曾经以为是属于我们跟 chico 的甜蜜旅行，最后却成了他每一段恋爱中的套路之旅。

"我前几天把他拉黑了。"

烤了好久的食物终于端了上来，干辣椒粉特别明显地撒在肉串上，我伸手拿了一串牛肉咬了一口，继续听女孩说话。

"你会不会觉得很奇怪，我跟他分手都好几个月了，才拉黑他。"女孩抬眼看了我一下。我摆摆手说："不会啊！我也过了很久才拉黑他的，没有什么奇怪的。"

失恋分手以后，就要立马删除对方，删掉微博、微信，还有各种合照似乎成了一种定律，当然也有完全不在意这些的人，甚至不会主动拉黑前任，比如说 chico。倒是曾经喜欢他的女孩们，真的决定要走的时候，就会完完全全地消失，一点痕迹都不留。

"他说我们还可以当朋友，可是我觉得这个定位很难摆准，一想到他还在我的朋友圈里，可是他却对我生活里发生的事情都视而不见，我就会觉得很不开心。"

"就算说是朋友，似乎也只有他单方面这么觉得吧，他照例会跟你说一些事情，让你又欣喜又难过。欣喜的是，他还会找你；难过的是他只有在这种无聊想抱怨的时候才会找你。我也不是很高尚的人，不想骗自己说他只想把脆弱的一面展现给我看，因为在我脆弱的时候，无论我发多少条消息，他都不会回复我，我会看到他发朋友圈，可是他就是不回复我。"

"我也曾经被这个套路折磨了很长时间，我到现在都还记得。那时听完《喜欢你》我便忍不住把歌词截图分享到朋友圈，chico半夜给我点了个赞，然后又悄悄取消了；我做了新指甲他夸我指甲好看；我看了好看的电影他问我电影如何。分手以后真的可以当朋友吗？可能这种事情是会发生的吧，但是分手之前就互动得并不热络的人，却在分手之后，坚持给你的锻炼记录点赞加油、关心你做的指甲，甚至在你晒某种饮料的时候特意给你发了一张他也在喝这种饮料的照片，跟你说好巧啊，这很难不让人误解。"

"我没有见到过我的哪个男性朋友会在半夜关心我的朋友圈、坚持给我的锻炼记录点赞、看我在玩某款游戏就悄悄地在微博上晒图，可能是我的男性朋友太少吧，我不太懂他们直男的操作。"我又喝了一口酒，脸上呈现出了一种诡异的红色，我的大脑也被酒精所影响，开始被那些我几乎已经要忘却的回忆吞噬着。

我曾经也辗转反侧，也想着可能还有机会跟他再重来一次，可是我知道，从小看到的偶像剧都在跟你传递着一个道理——你喜欢的那个人，要是喜欢你，就算曾经放弃过你，也会重新跋山涉水地来找你。但是 chico 没有，他只是止步于在手机上撩来撩去，让人困惑又疲惫。很快他就遇到了这个女孩，我也终于狠心删掉了他。

我已经在他身上浪费不少时间了，接下来的时间，我不想再耗在他身上。

"分手的话，短时间内被分手的一方或者喜欢得比较多的一方，可能都会抱着和好的念想，或者对对方有所期待，这种时候，还是保持距离比较好。以前我是觉得，只要对方不来找我，我都还 ok，既然都已经决定分开了，为什么还要过来找我呢？"女孩说话间，一杯生啤已经喝完了，大概是看到我的眼睛一直盯着她面前的酒杯，她吐了吐舌头笑了一下说："我也还蛮喜欢喝酒的。"

"没事儿，开心就喝。"我挥手喊来服务生又加了两瓶啤酒，这种倾诉内心的时刻，不喝点酒还真的压不下去心头的情绪。分手之后还谈论前任确实很尴尬，尤其是我跟女孩都是在以前任的身份聊天。

刚分手的时候确实会有很多的不理解，痛苦也很真切，然而在意识到自己跟他已经不再有可能，或者自己想要的生活和跟他一起的生活无法形成对等的时候，我就决定放过自己了。只是他却依然把我当朋友，像个朋友一样点赞、关心我的生活，在这样的情况下，我决定跟他撇清关系，不想再跟他有过多的瓜葛。也说不上是讨厌他，只是有的事情我已经知道不会发生了，就不会让自己再去有什么期待，彻彻底底、干干净净地离开就好了。以前只当是他不够爱我，却没有想到，不管对谁，他都不够爱。

其实并没有想到他会是这样的人，得知真相的瞬间有点幻灭，却也有点庆幸，庆幸我们的人生从此不会再跟这个人有瓜葛，也谢谢他在恋爱这堂人生的必修课上教给我们道理。

而现在，就像女孩说的那样，希望他走得远远的，再也不要来打扰我们的人生了。

我端起了桌上的酒杯说："来来来，祝福你，分手快乐，也祝福我自己。"

分手快乐，告别错的才能跟对的相逢啊！

就把那些暧昧不明和忽冷忽热都留在重庆吧！那里没有森林，没有热爱凤梨罐头的金城武，也没有爱 chico 的我们了啊！

那个说教系男孩啊

我的耳朵才不是用来听你说什么大道理的，只想听你说你爱我。

01

　　我去茶水间接水的时候，从我领导身边走过，忍不住悄悄看了他一眼。

　　今天领导依旧穿着熨得一丝不苟的白色衬衣，他埋头在纸上写着什么，露出了洁白的脖子，大概是又遇到了讨厌的顾客，他伸手抓了抓自己的头发，微卷的黑色头发此刻被他揉成了一个鸟窝。趁着其他同事不注意，我悄悄在领导的桌上放了一小块巧克力。巧克力掰开来，里面还有一张小纸条，不知道今天拆开来会是什么呢！喜欢你，超喜欢你？

　　嗯，我的领导，也就是我的男朋友。我来公司面试的时候，在小办公室里等待 HR，我的领导恰好在小办公室里面休息。

　　"你是过来面试的吗？"

　　突然间有人发问，我顿时陷入了紧张："是……是的！"

　　很快小办公室里就陷入了平静，我整个人都绷着，特别紧张，一紧张就觉得脸红，不自觉地用手当作扇子给自己扇风。

　　我自己都没有留意到这个动作，就只看到我的领导站起来，打开了小办公室的空调说："面试加油哦！"说完就推开门，离开了小办公室。

　　初入职场的我，被这个动作完全击中了，所有的想法都只化成了一句话，我想留在这家公司，我喜欢这个人。

接下来的面试中，我也一直在跟对方表达我特别喜欢这家公司，我对这份工作十分感兴趣，HR 似乎对我非常满意，很快就敲定了我的工作时间。

好开心啊，一下子就找到了工作，还遇到了喜欢的人，在那个瞬间，我感觉生活易如反掌，那些别人苦苦追寻的东西，我一下子就全找到了。

我们公司是一家航运公司，主要负责集装箱整箱货物的出口，我呢，作为新招进来的小助理，理所当然地被分给了我的领导，也就是我的男朋友。

简直就是偶像剧一般的剧情，男女主角偶遇，本来以为不会再有什么交集，命运的齿轮却又偏偏把他们安排到了一起。当我的领导站在我面前，跟我说之后我要负责配合他的工作时，我的内心都快放一场烟花秀了。

"那就麻烦你了，小朋友。"

"好！"

"看你个子小小的，上次就觉得，嗯，像个小朋友！"

上次就觉得了，那就表示，可能他对我还是有点印象的吧？大概是内心烟花秀把我炸糊涂了，我脱口而出："那你有女朋友吗？愿意跟我这个小朋友一起过六一儿童节吗？"

上班第一天，就把上司成功骗为自己的男朋友，我感觉自己的套路比微博里那些脱单锦鲤管用。虽然公司没有明面禁止员工与员工谈恋爱，但是我们还是比较低调，明面上绝对不表现出来，只是悄悄地用微信交流，下班了也会等同事都走得差不多了才一起走。

02

我来公司一个月的时候，犯了一个大错误。

东南亚那边的公司订了一个舱运送水果，我却把订单号填错了，导致装箱车队去到堆场拿空箱的时候根据错误的单号少拿了很多箱子，货物堆在港口，天气炎热，有的水果已经开始腐烂了。

得知这个消息的前一秒，我还悄悄在微信上给男朋友发消息说，晚上下班一起去吃手撕鸡，下一秒我就觉得，他可能想把我撕了。

最后，公司给订货方赔了一点钱，又承诺之后的货舱会一直给优惠价，才没有流失掉这个客户，我跟着男朋友加班处理完这件事的时候，已经是晚上九点多了。

出公司大楼的时候，外面已经起风了，沿海城市的初秋总是特别凉快，我穿着裙子跟着男朋友，忍不住用双手摩挲着手臂。

"冷吗？"

我点点头，平时我们工作时，男生都必须要穿工装，下班以后，男朋友就把白衬衣脱掉，换成了黑色 T 恤加牛仔色薄衬衣，他把衬衣脱了下来，搭在我身上，顺势拉着我的手说："手很冰啊！"

男朋友的手掌很厚，握起来有种安定的感觉，我突然想到，因为我的失误，导致他要跟着我一起加班，还要被老板指责，我的心里一阵愧疚："对不起，下次我会注意的。"

男朋友一脸严肃地看着我说："是啊，下次要注意，订舱确认书一定不能弄错了，要再三确认，货物的各种信息也一定要确认好，不能出差错，这次的客户比较好说话，再来你是个新人，下次再出什么乱子，可就没有这次这么轻松了。"

回家以后，我收到了男朋友发来的链接，里面附带着各种文档，全部都是他在职场中的工作笔记，还有我在工作中应该注意的事项。

"好好学习哦！下次不要再出错了。"

"你好厉害啊，整理了这么多工作笔记。"

微信上蹦出来的消息让我不由自主地笑了起来，跟一个比自己成熟的男生谈恋爱真好啊，那一刻我由衷地觉得，男友懂的事情比自己多，还能给自己一些工作上的建议，简直太适合我这种职场小白了，当然一开始跟男朋友在一起，我并不是看中了他的领导身份。

我遇到过很多很多男生，却只有在他面前才会紧张到心跳毫无规律，这就是爱情啊！这份爱情还能带给我很多好的观点，简直就像是我在超市买了可以抽奖的商品，最后随便刮出了一个一等奖。

我简直就是天底下最幸运的女孩了。

03

之后的工作中，一直有男朋友的提点，让我避免了很多小错误，也终于摆脱了航运菜鸟的身份。我跟男朋友的感情也越来越好，刚好遇上一个小长假，我们便商量着去另一座港口城市玩。

接待我们的 Z 君是我们分公司的同事，接到我们以后立马带我们去了当地一家不错的海鲜店。大家都是同事，聊的话题也都是工作上的事情，就连我也能时不时地接几句话感慨一下。

我们到的时候，刚好有一桌客人走，服务生拿着抹布随便擦了几下桌子就走了，半天没有过来，喊点单也没有人搭理，我看着桌子上没有擦干净的水渍，身为一个处女座，强迫症跟洁癖症适时发作，我从包包里拿出纸巾，开始小心地擦着桌上的油渍。

Z 君那一边，也有没有擦干净的痕迹，我问："你要不要擦一下？桌子不是很干净，别弄脏了你的衣服。"

Z 君是下了班从公司过来的，身上也穿着白衬衣，我本来想顺手帮他擦一下，免得把衣服弄脏了。

"好啦，桌子很干净的，不用擦了。"男朋友抢过我手里的纸巾，扔到了桌边的垃圾桶里。

我愣了愣，男朋友有点不开心，我盯着茶杯上那一点点没有擦干净的痕迹，决定不惹事，安静地当作没有看到，闭着眼睛喝了一口。

后来，我们突然聊起一个在知乎跟微博上都引起热议的话题。

"如果有陌生的女孩让你拧瓶盖，你会拧吗？"

我歪着头看着他们笑，作为一个女生先表达了我的想法，我说："没有关系啊，总会有女生拧不开，帮帮他们也无所谓啊！"

男朋友笑了一下："是啊，这没有什么的，帮一下别人。"

下一秒他说的话足够让我的心掉到北极。

"我也经常帮别人啊，帮我的领导，你知道吧？"他把脸转向Z君，"我的上司，溪姐，我就经常帮她剥虾，给她拎包！"

嗯？等一下，微博知乎二十四孝男友里面可没有说帮助别人是要给别的女士剥虾拎包的好不好！

回去的路上，男朋友一脸沉迷地说起刚刚吃的盐烤大虾："比我们上次吃的要好吃呢！"

我跟在他身旁沉默地点点头，心里还想着他刚刚说过的那些话。

"下次啊，吃饭的时候不要再擦桌子了，你看看别人特意选了一家昂贵的店，就你还在那里说桌子没擦干净。别人心里怎么想，好歹也是选了他们这里最贵的餐厅，你这样很扫别人的面子的。"

"你好厉害哦，想了这么多。"

一瞬间，我觉得男朋友说得确实有点道理，我确实没有顾及请客的Z君的感受，男朋友果然是一个厉害的社会人啊！可是，作为我的男朋友，他难道不应该知道，我真的只是单纯地想擦一下桌子吗？虽然有点困惑，但我还是同意了他的观点，可能我真的还是太年轻，不太懂这种社交礼仪吧！只是想到茶杯上没有洗干净的那个污点，我整个人都有点反胃，才会连男朋友的劝告我都觉得好烦，不想听。

"你啊，总是不注意这些细节，当一个成功的社会人有很多东西要注意的。你就应该多学习一下，不要成天沉迷在你那些奇奇怪怪的爱好里面。"

我躲在背后翻了个白眼，当作没有听到："刚刚吃饭的时候，你都没有帮我剥虾，可是你却说你给你的女领导剥过虾？"

我走到前面，佯装自己已经生气了。我不想当什么优秀的女友，什么时候可以发脾气什么时候不可以发脾气我心里都有数，就算作为一个社会新人我不该擦桌子，但是作为一个社会老人就可以随便帮女同事剥虾拎包吗？

社会人守则什么时候更新了一条这样的条款啦？

04

第二天我们在 L 市逛了一圈，临近傍晚的时候，我们去海边的一家日料馆吃饭。

走了一整天，我整个人都很疲惫，只想找个地方快点坐下来，男朋友似乎也很疲惫，手撑着下巴要我点菜。

我飞速在菜单上选了几道菜，就示意服务生下单。

等菜来的间隙，我看着菜单才意识到，我把五花肉芦笋错当成了培根卷芦笋。菜端上来的时候，我陷入了一种绝望当中，肥瘦相间的五花肉，正躺在盘子里，跟我招手。

我拿起一串，小心地把肥肉撕下来，专门挑瘦肉吃，男朋友吃着吃着看了我一眼："你点的五花肉，为什么不吃呢？"

"我在吃啊，只是我不喜欢吃肥肉。瘦肉我都挑出来在吃了。"

"那你不吃肥肉为什么要点烤五花肉呢？五花肉本来就是肥瘦

相间的，这样肥瘦搭配吃下去，才好吃呀！"

说着男朋友便夹起一块肥瘦相间的肉放到我碗里："你试试。"

我犹豫了一下，放在嘴里咬了一小口，却怎么也吞不下去："我不喜欢吃肥肉。"

男朋友看到劝说无果，脸上挂着一丝不开心的表情。

而我，也第一次对于男朋友的说教有点反感，喜欢吃什么东西是我的自由，为什么偏要干涉我？什么事都要按照他说的规矩来，他以为他是贺涵？

"好啦好啦，不吃就不吃吧！你不吃肥肉的话，也不要浪费了，下次可以把肥肉给我吃。"男朋友看我坐在座位上生闷气，便接着跟我解释，"你也知道我是金牛座嘛，不喜欢浪费。你下次把肥肉给我吃就好了。"说完他夹了一块瘦肉放在我碗里："好啦，不生气啦，吃吧！"

肉在碗里被我拨来弄去，就跟自己的心一样，乱七八糟。

回去的路上，我坐在车里安静地看着《我的前半生》，贺涵一出场的时候我就忍不住想要快进，喜欢讲道理，动不动给你搬知乎，开口就是鸡汤，希望你按照他的条例来生活，妈呀，简直就是一个更加帅气版的我的男友。

每天要给他的大道理捧场已经很辛苦了，我不想在电视里还要看到一个翻版的我的男友。

"你在看什么呢？好好看呀，不要老是按快进嘛。"

我瞪了男朋友一眼，干脆关了视频，戴上耳机开始睡觉。

05

　　我们常常希望一段感情能让自己进步，可是这个进步如果只是为了讨好对方，只是为了满足对方对我们的期待，那这样的感情还算是正常的感情吗？闲暇的时候我也忍不住思考这个问题，男朋友眼中理想的职业女性是穿着套装，能熟练地应对生活中各种问题的精英型，而我，却是一个讨厌各种条条框框，凡事都是看自己心情的散漫派。

　　我意识到在这段感情里，我已经行走得越来越吃力了，我曾经费力想跟上男朋友的脚步，可是我不想听他跟我讲什么大道理，我的耳朵是用来听他说爱我的，才不是用来听那些吃饭不要擦桌子、五花肉就是肥瘦相间才好吃这样的道理。

　　他说了那么多话，却从来没有说过他喜欢我，还是说我现在并不是他眼里完美的调教品，所以就连喜欢两个字他都吝啬跟我说。

　　回来以后，男朋友突然迷上了跑步，每天下了班就会去海边沿着海滨大桥跑步。

　　"你就是缺乏锻炼，你看看你手上的肉。"

　　那天跑完步，我去接他，我们坐在海边的长椅上休息时，他突然间就这么说了起来，还顺手捏了捏我手臂的肉。

　　"可是我很瘦啊！我才不到九十斤啊！"我说着说着就委屈了起来，嫌我胖，嫌我不好好看电视，这么讨厌我到底为什么要和我一起呢？

"可是你身上的肉，都是不锻炼的那种女生的赘肉，你看你每天都没有什么精神，就是因为没有锻炼。"

我默默地刷着微信公众号，不打算接他的话。

"怎么样，明天开始锻炼吧？跑步真的很好。"

"村上春树跑步十几年了，跑了那么多次马拉松，也从来不劝别人跑步。很多事情，不是你说好，对方就一定要去做的。要看对方喜欢不喜欢，对于不喜欢的事情，早晚是会放弃的。"

"你不喜欢什么？"

"我不喜欢你。"

我关掉手机，把它收到口袋里，站了起来说："我不喜欢你，从现在起，我们分手了。我啊，不喜欢变成别人喜欢的样子，你不喜欢我就算了，我不想变成你调教的对象。我不是唐晶，你也不是贺涵，不要给自己加戏了。"

我想了想，又补了一句："我，从小就是田径队的，跑的步比你吃的饭都多。不跑步只是因为我小时候摔了一跤，膝盖伤了，很多事情都不是你想象的那样，希望你能多了解一些情况再来给出你的建议。"

帅不过三秒，说完我就跑了，毕竟是自己的领导，明天还要在公司见呢！不过，第二天我直接递交了辞呈，工资都不要了，只想赶紧走人。

我要是唐晶，遇到贺涵这种男朋友，哪能处十年啊，十个月我就吭哧吭哧要分手了。

恋爱到底是怎么一回事呢？互相督促对方成长是一件好事，但是一方要是只习惯于发号施令，故事就变得不一样了。把另一个人完全打造成自己喜欢的类型，而忽略掉她的想法，难道不是某种意义上的不喜欢吗？

可是我并不想为了变成他喜欢的类型而迷失自我，喜欢一个人大概就是要连同自己讨厌的那一部分也喜欢着、认可着。我站在海边盯着蓝色的大海，默默地对自己说。

星座书说
我们不配

以前天真不信邪，觉得我们是良配，但是这一次，我真的信了。

01

"星座运势说你们不配！还是姐弟恋！啧啧啧！"

"哪里不配了？你不知道婚恋网站公布的结婚情侣里面，天蝎座跟双子座的比例有多大！"

"你看星座博主，每个都说天蝎座跟双子座不配！"

"我现在就去改认证，做一个星座博主，告诉你，天蝎座跟双子座就是最配的！"

02

话说到这里我还是有点心虚。星座这种事情，我总是半信半疑，恰到好处暧昧不明的用词，套用在谁身上都可以。但是谈恋爱不一样，一比一的事情，要根据不同的人走不同的套路，运用套路的最佳方法还是实践，就好像王者荣耀的视频看得再多，你不去王者峡谷打一把，你依旧是个菜鸟。

我自动屏蔽掉了任何不看好我这段黄昏恋的评论，决定当一个乖巧的恋爱中的大龄少女。

就算木讷天蝎座跟不上精分双子座的脚步，就算他一个人可以精分出四十种人格，我也不亏啊！跟四十个男孩子谈恋爱，多好啊！

一段恋情开始的时候，我们总是盲目乐观，觉得自己可以为了爱情战胜一切艰难险阻，我也不例外。作为一个凡人，我总是期待着，遇到一个人，然后大家开开心心地过下去。

"哪怕对方跟我星座不合也没有关系，谁让我喜欢他呢！"

我们约会的时候，两个人左挑右选了很久，最后还是决定去电影院。

一进电影院的楼梯，他就开始挑片子："看这部怎么样？我还没有看过。"

我伸头过去瞟了一眼，他手指着一部火了很久的动作片，然后我看着他迅速下单、拿票，完全没有给我反应的机会。

入场前我瞄了一眼电影院放出来的新片 DM 宣传单，哎，明明那部看上去傻乎乎的电影更可爱啊！

全程我都抱着那桶爆米花默默地吃着，看到精彩处他会爆出一两句"真精彩啊！""太酷了吧！"我也跟着点了点头，哎，这部片子的结局肯定是男主经历了一番惊险后成功逃离，并且赢得了女主的爱情。趁他不注意的时候，我悄悄打了几个哈欠。

我自己选的男朋友喜欢的电影，四舍五入，嗯，就是我喜欢的。

没错，我们大龄少女的恋爱，也是如此盲目。

电影散场后，我们去吃饭。

发现电影院附近有一家网红火锅，我关掉推荐软件说："不如我们去吃火锅吧？"

"好呀！"

哎，在火锅上面，我觉得全国人民都不会存在什么分歧吧！不管是香菜还是土豆，我都喜欢吃，不管是红汤还是白汤，都很好吃。

这一下，不管男朋友有什么样的选择，我都能接受吧！

但是有的时候，打脸来得太快就像龙卷风。

网红店的白汤锅底，除了普通的菌菇白汤，还有番茄红汤。

"要不我们试试这个番茄红汤吧？"

"不要啊，番茄红汤肯定不好吃！啊，本仙女喜欢白汤啊！"内心的小人爆发出了呐喊，我看了看菜单，最后还是笑嘻嘻地说："好呀。"

在这个瞬间我突然意识到，水象星座跟风象星座还是有区别的。我如果知道一个东西好吃，就会一直不停地点某一个东西，可是风象星座不一样，他们只要发现了感兴趣的东西，就会忍不住想去尝试，新鲜感对他们来说很重要。

我看着面前咕噜咕噜冒着泡的两锅红汤，心里突然冒出一个可怕的想法——是不是他以前从来没有遇到过我这种类型的人，对他来说跟我在一起有新鲜感，所以他才跟我谈这场黄昏恋啊！

"你怎么不吃啊？这边的牛肉熟了！"男朋友贴心地从番茄红汤里面捞出一块麻辣牛肉放到我碗里。

我咬了一口，又辣、又酸、又咸。

果然麻辣红汤跟菌菇白汤，才是鸳鸯锅的正确打开方式！

04

回去的时候，男朋友提议去外滩逛逛，然后我们带着一身的火锅味跑到了外滩。

里三层外三层，全是人。

晚上的外滩也没有比白天凉快多少，听说白天徐家汇的温度有四十一度，此刻面对外滩的人潮，我只觉得有一阵无明火在我心头烧啊烧！

好累啊，对于我这种追求平淡生活的宅女来说，吃饱了就想在空调房里吹吹冷风，大家一起聊聊最近听的歌也好，开黑玩一把王者荣耀也好，无论是哪一种，都比站在这里感受着热量和人潮让人快乐。

我有点泄气，终于明白了为什么那么多人选择在夏天分手了，夏天的时候，一个人生活才是最环保的生活方式啊！

"不如我们等下去人广买杯喜茶喝吧？"

险些要被别人撞倒的瞬间，男朋友拉住了我的手，想到喜茶那壮观的排队景象，我在心里叹了口气，说："我不是很想去，有点累了。"

"你都不会好奇吗？为什么那里有那么多人排队。"

我愣了愣，我好像真的不好奇！我看着他在黑暗里亮晶晶的双眼，不由得在心里感叹了一下，造物主真是不公平啊，这个人生得太好看了！

"可是我并不好奇啊！排队是一件很痛苦的事情。我不是很明白花三个小时排队喝一杯奶茶的意义。"

"我以为你会很喜欢尝新鲜呢！我就很想试试这个。"男朋友稍微有点委屈，小声地说。

话都说到了这里，我之前的信心全部瓦解了。不管他是不是双子座，两个人的风格完全不一样，是不可能走得太顺利的！

一个人只想着快点跑，尽快到达下一个地点；另一个人只想慢慢走，觉得可能这样不太辛苦。两个人的步调永远不可能一致，在一起也不会快乐的。

05

没过多久我就跟这位男朋友分手了，也很快就看到他在朋友圈晒了新女友。看着他们发出来的喜茶,我只好怒喝一口不用排队的一点点奶茶。

"我就说了,星座书上说你们不配吧!"面对闺密的吐槽,我翻了个白眼让她闭嘴。

"我不想谈恋爱了,太累了。"

就好像打游戏一样,明明人家是射手,你却偏要给她加一个治愈的功能,那也是不搭的。世界上存在什么完美的恋人、不上班的理想生活吗?我想是不存在的吧!每一对在大家看来完美的恋人,都有很长的磨合期,需要彼此接受对方的习惯跟生活,配合对方的步调。其实我跟双子座男孩也没有什么不配,只是,我们不想为彼此磨合,都选择了对大家来说更轻松的方式。

"你好,我可以看一下你手里这本书吗?"

"啊,可以啊!"

一个好看的男孩子站在我身边,指了指我拿着的《单车失窃日记》说:"我很喜欢这位作者,不过这本书我没有买到,不如加个微信?"

这种搭讪方式真是弱爆了,但我还是勉强地接了对方的梗:"好呀!"

"你是什么星座啊?"坐在一旁的闺密突然说了句毫无头绪的话。

"双子座!"

闺密朝着我笑了一下。嗯!你看世界就是这么奇妙!作为一位不知名星座博主的我此刻还是觉得,说不定这个双子座有点不一样呢!

跟海星一样的
男人恋爱吧

正是我们的不完美，
才让我们显得别具一格啊！

01

"你如果不去相亲，我就跟你断绝母女关系。"

好不容易回家一趟，还没有安静地吃上三分钟的饭，话题就转到了相亲上面，我夹到手的清炒虾仁，滑走了。

我放下筷子，勇敢地直视着我妈说："我不去！"

二十几岁的适龄青年始终不恋爱，无非就是因为以前爱错了几个人而已，既然自由恋爱都是错误的，那相亲怎么可能是正确的？

大概是意识到自己的态度太强硬，我妈说话的口气突然软了下来："隔壁林叔叔介绍的，你好歹去一下，不要驳了人家的面子。"

我夹起一块炸猪排，在辣酱油碟里沾了一下，因为用力过猛不小心沾多了，猪排咬起来咸咸的："好啦好啦，去就去啦，走个过场而已。"

"你林叔叔说，对方是个老实人，你可不要欺负人家。还有，你不准穿你那些洛丽塔的衣服过去，别把人家吓到了。"

老实人、好人，婚姻市场大概最不缺的就是这种人了，我闭着眼睛都能想到这个人的模样——穿着普通，留着毫无个性的头发。见面了，也无非就是尴尬地坐在一起，互相交换各自的情报，摘选对各自来说有用的部分。明明恋爱跟结婚都应该是一件有趣的事情，不知道从什么时候开始竟变成了一种义务。就算那个人不是你喜欢的人，你也应该跟他聊得很开心，认识三个月以后还能稀松平常地说，不如我们结个婚？还不准我展现最真实的自己给对方看，怎样啦，洛丽塔不可以吗？

我叹了口气，回想了一下之前见过的那个相亲对象，他竟然指着我戴着的假发问我是不是身体有什么毛病！算了，不生气，气出鱼尾纹就不好了。我回到自己的房间思考了很久，最终我决定拿出我女强人的姿态去见我的相亲对象，没有哪个男人喜欢满身是刺，气势逼人的女强人。我从衣柜里挑出平时遇到难搞的甲方才会穿的衣服，再拿出一双九厘米的高跟鞋，哼，不信逼不退相亲对象。不当最本质的自己，那扮演一个角色，也是可以的。

相亲的地点虽然有点远，但是整体还是不错的，在靠近湖边的一家餐厅。我住的老房子离新区有点远，平时也不常去那边，吃完饭绕着湖边走一圈，兴致好的话，还可以去附近的书店逛一逛，但是一想到相亲这件事，原本的美好设想就都成了泡沫。

搞砸相亲有很多种方式，给别人留下糟糕的第一印象很重要。我在书店附近下了车，约定好的是下午两点在咖啡馆碰头，就让他等一小时好了，等一两个小时还不发脾气，那这个男生才真的算是老实可靠。

我在书店转了一圈，挑了一本最新上架的图书，随便找了个角落就开始看了起来，不得不说有的人天生就是走写作这条道路的，我一路看下去都忘记了时间，等我意识到时，已经是下午五点了，我原本只想放对方一个小时的鸽子，结果放了三个小时！

我赶紧打了通电话过去："不好意思，我，我迟到了。"

"没有关系的，你慢慢来吧！我在湖边等你！"

等了三个小时也没有什么怨言，看来林叔叔这次找的这个人稍微靠谱了一点。我赶紧往湖边走，总算见到了那个人。

他踩着一双夹板拖鞋，宽松的沙滩裤和一件夏威夷风的 T 恤，头发也不算是毫无个性，三七分还挺好看的，只是拿着钓具的他，看起来完全不像是来相亲的。倒是我，一身黑色的套装，一双九厘米的高跟鞋，与这个氛围怎么看怎么有点格格不入。

"我猜你可能是发生了什么事情，又不好意思问你，刚好湖边可以钓鱼，我就去钓鱼了。"

"啊，我的兴趣是钓鱼。"

"钓鱼的话，时间过得很快，也没有觉得等了太久。"

不知道为什么，喜欢钓鱼这个点，竟然莫名地戳中了我，提着钓具醉心于钓鱼的男人，真是有点可爱。

"对不起，我迟到了！"我连忙跟对方道歉，他笑了一下，露出一排异常洁白的牙齿，确实跟这座城里大部分男生都不一样，他的皮肤黑得好像刚从非洲回来一样，是一个谜之土气的男生。

"没有关系的啦！"说完他看了看我的高跟鞋，"你穿这个累不累？我以为只是吃顿饭，没有想到你穿这么正式。"

说到这里，我才记起我的目的，是要当一个女强人击退我的相亲对手，为什么会因为对方晒得黑黑的，看上去比较可爱心开始动摇呢？我强行直起腰说："不累，我习惯了！"

"那你不介意我穿成这样吧？"

"我不介意啊。也没人规定出来相亲或者三十多岁就一定要穿成成功人士的样子吧！"我看了他一眼，郑重地说。

我喜欢洛丽塔跟少女风，到了一定的年纪，这种喜好确实是有些不可理喻，但是我自己真的很喜欢啊，为什么就一定要给我一个时间限制呢？难道我小时候喜欢吃番茄炒蛋，到了四十岁我就不可以再喜欢了吗？全世界的人都觉得穿洛丽塔很奇怪，都在劝阻我，我大概能理解那种被别人介意的状态。其实我只想开开心心做自己，生活已经很不自由了，难道连穿什么衣服都要被限制吗？

　　所以我对别人的穿着就很宽容，自己喜欢就好。

　　大概是没有想到我会这么回答，他偏过头笑了一下，跟他黝黑的皮肤形成鲜明对比的，是那一口白色的牙齿，看上去都可以给黑人牙膏打广告了。

02

　　我们一起吃了饭，中间也没有交换什么情报，这个人似乎对我的生活并不感兴趣，不过还是很有礼貌地回答了我的问题。这次的相亲经历跟之前的相亲经历完全不一样，他根本不在意我的收入是多少，家里有没有房，会不会做饭，结婚以后打不打算要小孩这些事情，他只是安静地吃饭，时不时地顺着我的话题接一两句。

　　"晚上你有什么安排吗？"吃过饭后我看了一下时间，还早，也许还能一起看部电影。

"不好意思，我晚上要回去喂鱼。"

喂鱼？这种新奇的理由我还是第一次听到，不免有些好奇。

"最近养的鱼快要孵化了，我得去守着它们。"夜色笼罩的世界里，不知道为什么，我感觉他眼睛里亮亮的，对鱼的喜爱可真强烈啊！

"行，那你回去看鱼吧！"我摆摆手。本来就只打算走个过场，完成一套相亲的程序，既然对方要回去看鱼，那我也正好可以用这个作为借口，说对方其实对自己不怎么感兴趣。人有的时候就是很狡猾，反正别人也不知道实情，既然他是一个老实人，肯定不会想这么多，而我只要抢先行动，就能占据摆脱相亲对象的有利地位。

"你等我一下。"在分开之前，他突然踩着他那双夹板拖鞋消失了。今天穿着一双九厘米高跟鞋跑了这么久，我的脚痛到不行，但是今天我给自己设定的是成熟的女强人角色，女强人才不会因为穿了不舒服的高跟鞋而哭泣。过了十几分钟，他才提着一只袋子出现："高跟鞋很不舒服吧？我给你买了一双平底鞋。不好意思不能送你回家了。"

他打开鞋盒，配有一双黑色蝴蝶结的平底鞋摆在我面前，他说："换下来吧！"

我愣了愣，没有动。

"你要我给你换吗？不会投诉我说我骚扰你吧？"他有些苦恼地吐了下舌头，"我还没有帮女生换过鞋子呢！"

"不不不，不用了！"我赶紧脱下高跟鞋。这双小皮鞋上面的蝴蝶结超可爱，我好喜欢啊！完蛋了，我怎么突然觉得面前的这个男人有点可爱了。

"下次再出来看电影吧！对了，下次你不用穿这么正式，你喜欢穿什么衣服就穿什么衣服，当然如果你只是不想见我才要这样的话，也可以直接跟我说。"说完他就消失了，我提着那只鞋盒，心里好像突然间有了一个小孔，就在那么短暂的时间里，他的身影悄悄地钻了进来。他跟之前那些相亲对象完全不一样，这个人，穿得很简单，想法也很简单，但却意外地让人觉得跟他相处很开心。

直接有什么不好？能够节约双方的时间，比起跟不喜欢的人在一起互相打发时间，我情愿一个人自由自在地生活，可是这个人太有趣了，让人不自觉地想跟他保持联系。

回到家两个小时以后，我收到了他发来的微信消息，照片中是一个巨大的鱼缸，里面漂浮着很多小鱼。

"真的是回去看鱼了啊！"这么想着，我点开购物 APP，买了一本《海洋生物识别指南》，不是被迫去了解对方，而是很主动的，希望能跟他有什么话题。

"下周有一场漫展，你有兴趣吗？"我试着在对话框里敲出这些字。既然对方已经展示了他的生活给我，我也应该要坦诚一点。

如果他讨厌我，那就在我对他的喜欢还处在萌芽状态的时候讨厌我吧，这样我也不会太难过，顶多只要哭一哭就好了。

我穿着洋服出现在约定的地点的时候，发现他一点都没有惊讶。按照平时，其他的男生肯定会说："你的衣服也太奇怪了吧！"

他今天没有再穿拖鞋跟沙滩裤，而是穿了一条普通的牛仔裤，一件简单的 T 恤，看起来清爽又干净。"我发现你每次跟我见面，穿衣服都很隆重啊！不过倒是蛮好看的！跟你上次的风格完全不一样。"

喜欢洋服、洛丽塔风格，在很多人看来不是很正常，"这种奇奇怪怪的穿衣风格有什么好看的啊"是他们最常用的评价。可是这个相亲对象，似乎一点都不介意这些事情，也不管别人是用怎样的眼神看待他身边的我，他只是站在那里笑着说："挺好看的，很适合你。"这种迟钝的温柔感，真是让人觉得好喜欢啊！

我们一起逛漫展，他并不是很了解那些动漫讯息，也不知道那些打扮得跟我一样奇奇怪怪的人有什么可爱的地方，但是他却不会在言谈中表达对某件事情的厌恶，只是温柔地听我说着，碰到他觉得好笑的地方他就会不自觉地捂着嘴笑，跟他一起度过的这个下午，让我觉得又短暂又惬意。

"可以问你一个问题吗？"回家的路上，初夏温柔的风吹过来，让人有点晕乎乎的，也有可能是刚刚喝了梅酒的缘故。难以想象我们在日料店喝了好几瓶梅酒，互相一直在给对方卖安利，身为漫威超级粉丝的他跟日本民工漫画爱好者的我，就超级英雄拯救世界这个问题，讨论了两个小时。

"嗯，你说。"

"你为什么会要来相亲啊？而且，我们第一次见面，我的表现应该很扣分吧！"我低下头不好意思地说。有人骑着共享单车飞速地从我身边经过，差点撞上我，他一把拉过我说："小心点。"然后自己走在了靠外面的位置。

"嗯，相亲的话，其实我也不知道。不过，我以那种装扮去见了好几个女生，她们都说不介意，但是后来都刻意跟我保持着距离。可能热衷于钓鱼的男人真的很无趣吧，不知道哪里的餐厅比较浪漫，不知道最近上映了几部爱情电影，也分不清楚口红的颜色，可能对她们来说，我这种无趣的男人并不是理想的恋人或者结婚对象吧！"

"你的意思是说她们比较虚荣？"

"也不是，怎么说呢，可能大家相处下来会比较疲惫吧！我有的时候不会那么注重外表细节，什么样的穿着让自己觉得舒服，我就会穿成什么样，刻意去迎合别人的审美，到最后也是徒劳。"说完他看了我一眼，又接着说，"恋爱也好，相亲也好，大家都只是在寻找一个相处频率一致的人。只是有的人讨厌相亲这种方式，比如你。"

我点点头表示赞同。两个陌生人坐在一起交换各自小区的情报、自身的情报，然后再来衡量两个人在一起的利弊，这件事本身就很魔幻了，更别说还要跟这个人相处下去。

"你因为被别人介意过你的穿着，所以在听到那句话的时候并没有多么反感，就是这件事让我原谅了你的迟到哦！就算你对钓鱼没有什么兴趣，也还是认真地听我说完，并没有强行转换话题，看得出来你其实是一个懂得尊重人的女孩。至于迟到，我后来有打听过你之前的那些相亲对象，估计这只是你对相亲的一种反抗方式吧！"

等一下，说好了的老实人呢？他竟然悄悄做了这么多功课。

"那我这样做，你也不会讨厌我吗？"给那么多相亲对象发了坏人卡的我，此刻却有一种莫名的心虚，难道我是喜欢上这个打扮得随心所欲，把家里那缸鱼看得比什么都重要的人了？

"我对你了解得不太多，但是我觉得这些就足够了。你跟我一样，都不算什么完美的人，但是正是这些不太圆滑的部分，反而让我们的存在别具一格。"

不知道为什么，听到这里，我的泪腺就好像被打开了一样，我站在路边，眼泪不停地往下流。很多人都觉得不正确的事情，在这个人这里，却变成了一种温柔的坚持，只要是你自己选择的就好了，只要是你自己喜欢的就可以了。

站在我身边说着人生哲理的"渔夫"笨拙地看着我，最后走过来轻轻地抱住了我："没有关系的哦，在我身边做你自己就好了，你不是勇往直前的女强人也没有关系，反正我也只是一个渔夫啦！"他轻轻地拍着我的头，说话的语气十分温柔。

这样温柔的夏夜，可真好啊！

我擦干眼泪，看到天上的星星，一闪一闪的，就如同天上的星星都终究会有伴一样。我想，我也找到我的星星了，不过，这颗星星很有可能是颗海星。

失败者的
飞翔

失败的恋爱就跟失败的菜一样，

——马桶才是他们最终的归宿。

01

在公司的年终趴上面，我跟那位新来的男生产生了深厚的交集。在那之前，他只是跟其他同事稍微有点不一样的同事。

他的不一样，并不是说他在我心里的地位跟其他同事不同，而是他身上的那种少年感跟其他男同事不一样。他身上没有中年危机感，也不油腻，发际线也没有退后到让人觉得可怕的地步，也不会拿着保温杯给你宣扬一些虚假养生的东西，总之我感觉他是一个可爱的人。

我在公司负责的工作是项目设计，每天的主要工作是设计出让顾客满意的文具用品，不同颜色的笔或者不同材质的本子都能给用户带来不同的感觉，而他的工作就是把我们设计出来的东西推广给更多的客户。

销售部门的同事总是给人一种经常处于应酬中的忙碌感，但是他却好像是个例外。

会对他有印象，是因为他的手。

那天原本是要在公司拍摄新型水笔的广告的，可是手模却不小心把手烫伤了，上面都是小水泡。我们几个人在现场都着急得不得了，在我急急忙忙想坐电梯去上面的楼层跟领导汇报情况的时候，他帮我按了电梯。

"你好，你要到几楼？"

我盯着电梯的数字说："三十六楼，我跟你去一样的地方。"

他原本伸出去的手又收了回去。他的手指修长又白净，指甲修剪得非常整齐，用言情小说常用的词语来形容大概是指节分明，总之是非常好看的一双手，我盯着他脖子上挂着的工作牌——销售部陆星野，终于憋出了一句话："现在公司的存亡就靠你了。"

说完这句话，我把他拉到了我们的新品拍摄现场。他的手这么好看，临时救急一下，应该也没有问题吧！总之，比延误拍摄进度要好。带着"死马当活马医"这样的想法，我带着他去洗了手，又给他涂了厚厚的护手霜。

那天的新品拍摄，因为他的救场而成功结束。我们设计部本来就跟销售部在不同的楼层，碰面的机会很少，再加上后来我们又忙于新年新品的设计和发布，几乎都没有好好休息过，所以我根本注意不到周围的同事。

那天是新年新品的最后定稿日，我负责的手账部分迟迟不能让领导满意，到最后其他人都走了，只剩下我一个人在办公室加班。我盯着厚厚的一沓白纸，想动手却什么都画不出来，我始终保留着在纸上设计原稿这样的习惯，大概也是因为这样的习惯，我才会选择在文具用品公司就业吧，笔尖划过纸张的触感，让我很享受。

"这么晚了你还在这里？"突然有声音响起来，我吓了个半死，回过头一看，是那个手很好看的男孩子，但是我想不起他的名字。

我对于文字有一定的钝感，还是画面在我的记忆里比较深刻，比如说他的手，此刻那双好看的手，正拿着一瓶麒麟牌子的热奶茶。

"我下来拿样品，看到你们这里还亮着灯，这个给你喝。"他把手里的热奶茶递给我，算是给这个加班到哭泣的人的一种抚慰。

"你在加班哦！"他看了一下我凌乱的桌面，"上次多亏了你拉我去拍视频，后来客户看到我就会问，是不是我拍了新的宣传广告，我负责的那个片区，他们拿货都超热情的。"

说起来原本我应该很焦躁的，马上就是截稿日了，我的方案已经被退回了无数次，此刻这个人还在若无其事地说着他工作上的事情，是怎样，要刺激我吗？可是这些情绪我都没有表现出来，我只是喝着那瓶热奶茶静静地听他说着，甚至还时不时地露出一丝笑意。

"那我先不打搅你咯。"说完他就朝我挥了挥手。

不知道是他那瓶奶茶的作用，还是别的什么原因，我突然想到，新年产品也可以做成温暖治愈的啊，就好像奶茶一样，不开心的时候大家总是会想摄入一些糖分来抵抗不开心的情绪，我在纸上随意地涂着，奶茶、甜品、浅棕系，等我画完发给领导收到过稿的回复时，已经到了下半夜。

我裹着大衣出门的时候，发现公司走廊上有一个黑影，心里不由得紧张了起来，跑过去还是待在这里不动呢？可是我还得回家给短腿喂吃的，我握紧了自己的拳头，还是决定回去。

只是我设想的情节并没有发生，那个黑影转了过来，朝着我笑了一下，说："我看你加班应该会到很晚，怕你回家不安全，就擅自在这里等你了。"

我心里的石头总算是落了下来，这个人，在走廊上等了我三个小时啊，想到这里我突然有点小感动。我们在公司楼下喊了一辆出租车，下车之前，他跟我交换了微信。

我回家洗完澡，给短腿倒了点猫粮，坐在床上，翻了下手机，并没有消息进来。我是不是应该给他发条消息谢谢他呢？想了想，最终也没有将感谢的话语发送出去，我并不擅长处理这种男女间的感谢，就这样吧！

02

转眼就到了新年，我们公司是一家日企，元旦这几天，对日本人来说就是他们的新年，所以在放假之前，我们公司就已经开始了年终庆典。

喝完了一轮，又按照他们的规矩，去了居酒屋开始第二轮。我们坐在角落里安安静静地喝酒，突然有其他部门的同事说要来碰杯，我第一次见到了喝酒的他。

平时系得端正的领带此刻已经有点松散，衬衣倒是还掖在裤子里，脸上浮现出红色，看上去像一个因为害羞而脸红的学生，比起营销部长喝多了站在桌子上狂唱《Arashi》，他这个样子还是可爱很多的。

他端着酒杯凑到我身边，还是那副天真可爱、呆头呆脑的模样，我说："谢谢你。"

"不客气。"

说完他小声又念叨了一句什么，我凑过去听，就在那个瞬间，有什么东西贴上了我的耳朵，耳朵是很敏感的地方，一点点微妙的感觉都会被放大无数倍。

说起来我到现在也想不起来，那天他明明没有喝醉，为什么却还是跟着我回了我家，我们没有去广场跨年，也没有倒数，我们互相依靠着看完了最后一点点红白歌会。

他的头枕在我的肩膀上，头发弄得我有点痒，房间里突然多了一种男性的气息，一时间让我有点慌乱。但是，新年也许会有什么不同的改变，我把手放在他头上，轻轻地抚摸着他的头发。大概是这个动作让他觉得有点不舒服，他坐了起来，看着我，然后凑过来，吻了我一下。

带着些啤酒味的吻啊！

醒来的时候他已经在厨房里忙活了，我虽然对画画很有热情，但是对生活上的其他事情都很白痴，平日全靠便利店跟外卖拯救自己。我穿着睡衣坐在沙发上，抱着短腿一起看着那个在厨房里忙碌的人。

我从来没有想到，会跟别人发生一夜情，太可怕了。

但是，好像跟别人在一起生活也不赖。

"话说我还不知道你的年龄呢！"我们坐在餐桌前，我盯着黄油面包，装作不经意地说。

"我啊，二十九岁，杯子在哪里？我去倒杯牛奶。"

我随手指了一下，他在一堆杯子里挑了一个我常用的，熟练得就好像他曾经在这里生活过一样。

"那我们同年了！"我戳了一下鸡蛋，谢天谢地，不是我不喜欢的溏心蛋。

我原本以为的一夜情戏码并没有展开，而是换了另外一种情形。在元旦之后，他频繁地出现在我的公寓里面，给我换灯泡、买牛奶，带着我的猫去打疫苗，俨然是一副男朋友的模样，我也逐渐地接受了我的世界里出现了另外一个人这样的设定。

反正大家都单身，从一夜情到这样相处，好像也不是什么坏事。一周的时间他有两三天会过来一起吃饭、一起看电视、一起睡觉，其他的时间他都不在，我很享受这种有疏离感的爱情，既让我有了可以爱的人，也让我保留了自己的独处时间。

意识到有什么不对劲的时候，是在我们去看画展的路上，我并没有检查男友手机这样的习惯，我只是想看一下时间，又懒得从包里拿自己的手机，便瞥了一眼他的手机，他迅速按了电源键，屏幕上立刻变成一片黑色。

他转过来温柔地看着我，我把头靠在他肩膀上，不知道为什么突然有点累，在他按灭手机之前，我清楚地看到，有人给他发了消息。

那个人，是他的前女友。

"你什么时候回来？回来的时候去超市买点牛奶！"赫然出现在屏幕上的这些字，就好像一个魔咒，把我紧紧套牢。

我闭着眼睛不再说话，他以为我睡着了，让我枕着他的肩膀。

一路上我都在想这件事，那天的画展我也看得心不在焉。

按照我们之前的计划，看完画展以后，他要回他的公寓去处理一些事情，而我想着他走了无聊，我可以去做个指甲，可是那条信息却有意无意地给我传递了一些东西，我站在地铁候车区，拽着他的手。

"你要不要考虑搬到我这里来？这样你可以省掉一笔房租。"

"我觉得我们现在这样挺好的，暂时可以不用改变。"他笑了一下，眼神里有一丝闪躲。

我好像明白了什么，又决定装作不明白。

"那好吧！还想让你多留下来陪陪我，《复仇者联盟3》我还有点不懂的地方。"

"后天我回来，我们先把《美国队长3》看了，这样你就能看懂了！"说完，他在我的额头上轻轻吻了一下，转身上了地铁。

我取消了做指甲的预约，转身往前走了几节车厢，也上了同一个方向的地铁。

有的事情无法开口表达，只好暗自去验证，虽然那个答案，很有可能让我崩溃。我抬头望过去，可以隐隐约约看到他的背影，他一直低着头，估计是在玩手机吧，这样也好，就不会发现我也在同一趟地铁上。

他下车的时候，我也跟着下了车，保持着一定的距离跟着他在三号出口出站，很快我就见到了那个答案。

那个短头发的女孩子笑着扑到他的怀里。

不是他们已经完全分手了，也不是其实跟她不太适合，更不是我喜欢的是你，所以我不会陪在别人身边。

一切就好像是一记响亮的耳光，打在我的脸上。

每个人都拥有一个小秘密，没有来得及跟身边的人说，就好像钢铁侠一直到最后才知道，他的父母是被美国队长的朋友杀害的。

但是在爱情里面，有无法说出口的秘密是不能够被原谅的。

03

我没有想到，那个女孩会先找到我。

那天下班有点晚，我在公司楼下遇到了她，也有可能是她一直在等我，总之她身边燃尽的烟头也有不少。

"你知道我的吧？"她跟在我身后，"我是苏存的女朋友，你叫我小米好了。"

我加快了脚步，并不想搭理她。

"苏存明明说你很好说话的，怎么了，现在是排斥你男友的女朋友吗？"

我停下脚步，有点生气却又无可奈何地说："你想要怎么样？"

"放轻松一点啦！放松，放松！我们坐下来聊聊！"

我随手指了一家不常去的咖啡店，有的人一辈子只要见一次，有的地方一辈子也就只去一次，只去一次的地方跟只见一次的人，实在是很配！

"你知道了吧？我跟苏存没有分手！"她用一种很奇妙的语气跟我说话，也不像炫耀，大概就只是又重复了一遍一些既定的事实而已。

"当然啦，他是喜欢你的，不过他是不会跟我分手的，所以，你要是打算继续跟他在一起，就得接受我！"

她抬起头看了我一眼，眼睛因为笑容而眯成一道弯弯的弧线："你很有钱啊，苏存缺的就是钱，你呢，缺的是感情，刚刚好互相弥补。"

我一个人生活，也没有什么费钱的爱好，对于钱这种事情我确实不太在意，我盯着她手里拿着的手机，看了一会儿。

"哦，这是你给苏存买的那个，他是不是跟你说丢了啊？是他丢给我了！"她扬了扬手机，屏幕亮起来的瞬间，我看到了他们两个人的合照，背景就是我给苏存买的那幅奈良美智的大头娃娃画。

感觉我们就像在一条食物链上，我在食物链的最底层，然后是苏存，然后是这个叫小米的女生。

"你是不是觉得很生气啊？苏存不知道我来找你的，我那天在地铁站看到你了，他跟我提起过你。"

我一点都不关心他们在什么场合、怎么提起的我，我能想到他们是怎么评价我的，无非就是一个只有钱没有脑子的冤大头而已，但是他们不知道我谈恋爱的底线就是不跟有女朋友的人在一起，现在这个局面已经触及到了我的底线，不管怎样，我都要退出。

"我晚上就跟苏存说分手，我把他还给你！"

"别啊！你不能跟他分手，你跟他分手了，我就没有钱用了。"

我不知道我是怎么从咖啡馆里走出来的，只觉得我的身体好像被掏空了一般，身为一个普通人，我只想找一个跟我一样普通的人谈一场恋爱，而不是身处一段三角关系中，上演八点档狗血剧的剧情。

我要分手，不管这个人对我是不是真心的，不管他爱不爱我。人的心脏很小，能容纳的东西不多，他可以同时爱上两个人，想必分给我的爱，也不会有很多。

我的要求并不高，只想要我的恋人在爱着我的时候，不要再跟别的女人保持暧昧的关系，可是好像这样的感情也成了一种奢求，爱情真是件让人疲倦的事情。

我回家的时候，苏存已经回来了。

"你今天回来得好晚啊，在加班吗？我给你煮了莼菜汤，还有你喜欢的毛蟹炒年糕！"食物的香味一阵阵传过来，回家的时候有人给我做饭，有人为我亮着一盏灯，有人在等我，这简直就是我理想中的生活。

但是这种理想生活的背后，却不是一对一的恋爱关系。

我绕到苏存身后，抱住了他，他身上有淡淡的烟草味，还有一丝大吉岭茶的味道，之前喜欢的男爱豆用的就是这一款香水，我顺手也给苏存买了一瓶。

淡淡的，让人安心的味道。

如果真的如同小米说的那样，苏存不会离开她，那只好我离开了。

比起别人对自己残忍，我更习惯自己对自己残忍。

"我们分手吧！"

我明显感觉到他舀莼菜汤的手顿了一下，说："为什么？"

我一直趴在他肩膀上，因为这样可以不看他的脸。

"小米那天在地铁上给你发的消息，我看到了！"

"我以为，你可以接受这样的关系，我们互相喜欢不是吗？你也不希望我每天都黏着你吧？偶尔跟她在一起，偶尔保持距离，这不就是新鲜感吗？"

"恋爱一开始确实需要新鲜感，可是新鲜感不会维持多久，我们需要接受彼此在对方眼中不再新鲜。虽然我只是一个普通人，但是我也想拥有我男友百分之百的爱，而不是要分给另外一个女孩百分之五十。你明白了吗？"

说完我松开了手："我下楼去买啤酒了！"

"好的，待会见！"苏存慢吞吞地回应我。

分手来得比想象中迅速呢！我想从口袋里摸出一盒糖来吃，却摸到了苏存给我的恋爱御守，他说："你戴着这个，我们的恋爱就能长久了。"那时我在心里笑他对我如此不信任，此刻再想起来却只觉得好笑，戴着这个东西恋情就会顺利吗？或许他需要的并不是恋情顺利，只是需要一张可以随时提款的银行卡吧！

"待会见啊。"

当然，不会再见了！我提着冰啤酒在楼下绕了一小时，回家的时候苏存已经收拾完了他的东西从我的家里消失了，只有那碗莼菜汤还残留着温度。

我坐在桌边尝了一口，好咸啊！就跟这场偶然诞生的恋爱一样。

我起身把它倒进了马桶里面。

爱的
偏差值

女朋友还是那个女朋友，我也还
是那个我，到底是什么变了呢？

01

快下班的时候，同事们开始商量晚上要不要一起去吃饭，群组里面的消息一直不停地往外蹦。

"不如去喝酒吧？"

"好主意。正好最近被难缠的客户逼到想骂人。"

我们公司是一家装修公司，我们部门的职责就是负责了解客户的需求，然后制订出装修方案和预算。大家对于房子都有着美的追求，总是希望用最少的钱打造出最理想的家，所以我们才会觉得工作如此艰难吧！

一百块的东西跟一千块的东西装扮出来的感觉当然是不一样的，可是很多客户却始终拒绝接受这九百块的差异。

"夏彦你去不去？"

突然蹦出来一条消息 @ 了我，我想了一下，在键盘上敲出了"去啊"，然后点击了发送。

"天啦，你怎么了？你平时不都是按时回家乖乖吃饭的宝宝吗？"

"今天太阳从西边出来了！"

"对了，你平时都有带便当来吃，最近都没有带了！"

我在这家公司工作三年了，跟我的女朋友也一起生活三年了，之前她一直都有给我准备便当，说是补充营养，晚上回家的时候，虽然吃饭有点晚，但是也能吃到热气腾腾的精致料理。下班之后要赶回家吃饭这个理由，也能避免掉一些无聊的社交，比起跟关系一般的同事在外面喝酒聊天，我更喜欢在家里跟女朋友吃完饭，坐在沙发上看书或者牵着狗出去散步，这些都显得更加有意义。

但是现在，我不想回家。

"我女朋友回老家去看她爸妈了，最近都不在家。"我面无表情地继续在键盘上敲打着。如果真的是这样就好了，她只是回家去看她的爸妈了。

大概是因为完全不想回家，跟同事们在一起的时光就非常愉快。在酒精的作用下，一位女同事说到激动时哭了起来，我还伸手帮她擦了下眼泪。这位女同事平时总是有意无意地想接近我，但是对女朋友的忠贞感一直提醒着我跟她保持距离。女朋友这种生物，有一个就足够你烦恼了，要是还在外面拈花惹草可能会死无葬身之地，可是那个瞬间，我却刻意忘记了平时谨记在心的道理，虽然是个工作总是做不好，处理文件总是出错的女人，但是也比我的女友可爱。

当然不是长相上的胜利，年轻的时候或许会有这样的想法，只要这个人长得足够好看就可以了，不管她犯什么错，对着我甜甜一笑，我就可以从心里原谅她。实际上不管多么好看的人，一旦你们建立了某种联系，而她又总是一次次挑战你的耐性，你都是无法原谅她的。美貌总会散去，但是生活中的摩擦不会。

就像我的女友。

她长得确实很漂亮，丹凤眼，鼻子很挺，一头乌黑亮丽的长头发，个子也不算矮，手臂跟肚子虽然肉肉的，但是很可爱。

跟她表白以后没有被拒绝，我们理所当然地在一起了。刚刚一起生活的时候我们有点紧张，两个人坐在餐桌前，特别正经地吃了一顿饭，我哆哆嗦嗦地切牛排的时候，刀都没有拿稳，直接掉在了地上。她就坐在对面看着我笑，那个瞬间我真的觉得好幸福啊，对面坐着的是我喜欢的女孩，我们一起生活在一个小小的、未来可能会被我们改造得很甜蜜的地方。

　　宋离，也就是我女友，除了长得漂亮，做饭的手艺也没得说，家常菜也好，西餐也好，又或者是街头小吃，只要她愿意做，就没有她做得不好吃的。当然，织毛衣啊、做手工啊这些其他的技能，她也都会，在我看来她就是一个十分完美的女孩，是我喜欢的类型。

　　我喝了一杯酒，女同事凑了过来，问我等下散了以后跟不跟她走，我正准备回答的时候，手机震动了一下，是宋离发来的消息。

　　"你回来的时候记得买一盒鸡蛋回来，做厚蛋烧没有鸡蛋了。"

　　宋离并不会问我什么时候回家，在做什么事情，她跟那些动不动就无理取闹的女孩子不一样，反倒是她的这种大度跟无所谓，更让我觉得羞愧。

　　"同事聚会，等下就回去了。"我其实并不想回家，只是这种羞愧感又不知不觉被放大，我小心地把手从同事手里抽了出来。

　　"对了，我又买了一只新包包！你是不是新办了一张信用卡？密码发我！"

　　我苦笑了一下，最近她跟我的聊天内容，永远都是她新买了什么，是不是改了信用卡密码，把密码发给她。

　　如果不发生那件事，或许我跟宋离的关系不会这么僵硬吧！

02

　　我跟宋离之前在同一家公司工作，她是公司的策划，负责制订公司的宣传方案和广告语，我在营销部工作，负责寻找潜在客户，只要好好做，收入还是不菲的。只是那一年，原本承诺要给我们工资和年终奖的领导就跟在路边常常会听到的广播里说的一样，带着小姨子跑路了，留下来一堆没处理完的工作和债务。

　　宋离听到这个消息，当时就哭了，背对着我们坐着，肩膀一起一伏的。

　　我不想让宋离吃苦，意识到工资讨不回来以后，我就立马去找了新工作开始了新的生活，宋离则在家里慢悠悠地找着工作。

　　——想找一份稳定的工作，老板不会突然跑路的那种。

　　——找了很久都没有合适的，我再找找。

　　宋离找工作的时间从一周慢慢延长到两周，再从两周延长到一个月，两个月过去了，我也没有看到她在找工作上付出什么努力，收获什么成效，所幸我的工资还行，支付了我们的房租和日常开销后，还能剩一点点。

　　没有去工作的宋离，就在家里扮演一个完美女友的角色，早上七点钟起来给我煮一碗面，蒸一个鸡蛋，便当也给我准备好了放在桌上，下午的时候会给我发消息问我晚上想吃什么，她去买菜。

　　算是非常非常完美的生活了，现在很多女生都不会做饭，而我家竟然有一位年轻貌美的厨娘，我做梦都要笑醒了。

宋离的生活圈子却因为这样的生活越变越小，她每天只出门拿快递、买菜、扔垃圾，生活里除了我就是她的父母，偶尔还有一些面试官。她不再是我认识的那个朝气蓬勃的女孩，不再跟我谈论她的梦想和音乐，只是不断地跟我抱怨楼下的住户多么讨厌，爸妈总是觉得她不去工作有多么闹心。

我委婉地劝过宋离一次，让她出去上班。

她也没有拒绝，很快就告诉我在网上找到了工作，第二天去面试。我觉得这是我消沉的女友走出阴霾的关键一步，我真的很为她开心，我还特意去她喜欢的西餐厅订了位置，打算庆祝一下。

下午，我收到了宋离的消息，她说："我找不到那家公司在哪里。"我愣了一下，立马让她发地址给我，我赶紧搜索了一下，告诉她怎么走，之后她就没有再回复我，我以为她已经成功找到地方开始面试了，便专心工作去了。一个小时之后，我又收到了她的微信："我找了一个小时都没有找到，我不去了，我现在去买口红。"

我笑了一下，算了，她确实是个路痴。我告诉她晚上在餐厅吃饭，就继续去工作了，只有多谈到几位客户，才能保证我们下个月不吃土，为了给心爱的人美好的生活而努力，也是一种值得骄傲的事情。

到了餐厅以后，宋离笑嘻嘻地跟我说，她买了几支新口红。

自从她没有工作以后，她也不怎么化妆了，我觉得这大概是她要努力投入新生活的标志，不是说女人涂了口红以后的战斗力爆表吗？

我点点头："可以啊，你开心就好！"

"这个不适合上班涂，我就买着玩的！"宋离说完看了我一眼，"你为什么总想着让我出去上班啊？"

我愣了一下，我为什么总希望她出去上班呢？希望我们两个人一起工作减轻我身上的负担？说起来我也很喜欢打游戏，可是宋离不工作以后，我的全部重心都是工作客户，工作客户，我根本没有时间跟精力投入到我的游戏事业当中；希望她能出去拓宽下她的生活圈？她还年轻啊，生活不应该只有我跟菜市场，还有更多的风景值得我们一起去看看啊！我想说的很多，可是什么都说不出来。

"算了，你不想去就不去吧，吃牛排吧！"我把牛排切好放到她的餐盘里面，她生气地推开。

"我不要去上班，我不去，我害怕，我害怕我的老板又跑掉，我不想再经历这样的事情，我不要！"

宋离歇斯底里地在餐厅里喊了起来，周围用餐的客人全都盯着我们，宋离干脆躲到桌子底下，还小声说："我不要去上班，我不去我不去！"

我蹲下来，轻轻地揉她的头发："好好好，你不去，我养你！"

我并不后悔我说出这句话，那个瞬间我确实是决定了要好好养着宋离的，我喜欢她，我愿意为了她努力，只是我并不能预料到事情的发展方向。

人一生当中的爱，其实是装在了一个无形的容器当中，你看不到这个容器的存在，你以为爱有很多很多，多到足够你许很多个誓言，可是你并不知道，把这个容器具象化以后，你看到的爱，只有一点点，你用一点，就少一点，直到有一天，爱全部消失。

03

　　经过这次餐厅暴走事件之后，我再也没有在宋离面前提过上班这件事。

　　反倒是她，时不时地跟我说，在找工作了，什么时候又要去面试了，我都笑着鼓励她："加油哦！你可以的！"

　　尽管没有一份工作有下文。

　　但是宋离的购物欲却越来越强烈，一开始只是买口红，逐渐地开始买各种粉底、保养品、包包，她自己的信用卡刷爆了以后，又从我钱包里翻出了我的信用卡。

　　很好，我们从原本在温饱线上的穷人，一下子成了欠了银行很多钱的穷人，我只能将更多的时间用在工作上，别人吃饭的时候，我在外面联系客户，别人聊天的时候，我还是在外面联系客户。

　　我为什么要这么累？

　　我为什么要活得这么辛苦？

　　一次我路过便利店，本来想买瓶饮料解解渴，但最终我按捺住了这种冲动，就连一瓶可乐都成了我生活里的奢侈品，我实在想象不到我快要三十岁了竟然还活得如此穷困潦倒。

　　是因为爱吗？

　　回忆到了这里，我伸手擦了一下眼泪，有的事情明明很早就有了答案，我们却总爱跟自己说，也许明天就不一样了，也许明天我就会看到一个不一样的宋离，自信、有朝气，是我爱的那个女孩。如果说宋离是那个溺水的人，那我愿意成为她的救命稻草，本来我以为我可以拉她出来，成为她的力量，可是没有想到，连我自己都要被这丧气的潮水淹没了。

"你等下跟我一起走吗？"女同事凑到我身边，用一种极具诱惑的声音说道。

"不了。"

宋离会不开心的，宋离会哭的，宋离只有我了，我不能离开她。宋离就好像一个不知疲倦的人，在我的脑海里跑来跑去。

她现在有这么多缺点，我还要一直爱着她吗？

我还不肯放过我自己吗？

我拿起挂在墙上的衣服，跟同事说酒钱会微信付给他们后就转身跑了。不知道为什么，我现在很想宋离，想念那个总是笑着努力的她，那个没有逃避一切的她。

只是我推开家门的时候，只见到那个沉迷在过往的挫折里的宋离，再也没有其他。

故事说到这里，我想大家也知道了这个俗气的故事的结局。

后来宋离离开了，不知道她是感知到了我对这段感情的动摇，还是明白了她其实只是依赖我，觉得有我在，她可以放任自己当一个孩子。

一旦爱意有了偏差，再怎么矫正也无法恢复过往。

宋离搬出了我们的房子，开始了她的生活，而我，逐渐还清了卡债，重新成为那个自由的男孩。

新年的时候，我去参加了一个跨年活动，期间有不少人在聊找对象要不要看脸这件事情。

"当然要看脸了，要是她长得不好看，生气的时候，你也不会想哄她。"

"会有一种跟猪在一起的感觉吧！"

我看着那些男生笑了一下，颜值无法永在，就算是一个美女，她永远哭丧着脸，你看着也会觉得不开心的。如果不能及时带着对方脱离那片深海，最终自己也会沉溺的。

快到零点的时候，我收到了宋离的消息。

"谢谢你，如果不是你鼓励我，我可能还一直沉浸在过去的失败当中。"

"也谢谢你跟我分开，让我不再依赖你，而是可以靠我自己。"

我仿佛看到了当时吸引我的那个宋离，一头秀丽的长发，自信满满地站在我面前，对我说："我现在不爱你了，我要走了！"

那就祝她未来美好吧！我在心里默默地祝福她。

海边的
夏日回忆

天气炎热，
也想爱你。

01

夏天的上海，空气里全部都是灼热的感觉。

白白站在阳台上挂了一下衣服，就感受到了日光的炎热，赶紧跳着回到了空调的安全范围以内："在这样的天气里，还去迪士尼玩的人，估计都是英雄吧！"

本来她也是要去当英雄的，只是分手来得太突然，在网上买的电子票又不给退。她从冰箱里拿出一盒冰激凌，盘腿坐在地上，思考着是把票送出去，还是把票卖出去。

想跟喜欢的人去迪士尼当公主是白白一直以来的愿望。喜欢一个人，不就是要把她宠成小公举吗？可是你看看，就连陪你演一天偶像剧的戏码，人家都临阵脱逃。

气死了，世风日下，人心不古啊！

"白白，稿子你还交不交啦？"

点开最近收到的唯一一条微信，听到的是编辑的怒吼声。白白看了一眼日历，距离约定的交稿期，又过去了一周，好像征文比赛的截稿日期也要到了。凭自己实力拖的稿，才不想认输呢！

"上海太热了啦！我的脑细胞都被热死了，你晓不晓得今天徐家汇的温度都到四十一度了！"白白点了点手机，发送了这段文字。

"我知道一个避暑胜地，而且还有帅哥！"

"想去！"

白白拖着行李箱下车的时候，还没有意识到到底发生了什么？编辑说她老家凉快，隔壁邻居又很帅，于是，她一个纯正的颜控，现在来到了一个名不见经传的小渔村。

真是让人难以置信，她竟然头脑发热，相信了编辑说的话。

一辆拖拉机轰隆轰隆地开过去，扬起了一阵尘土。

白白摸了一下脸，灰扑扑的，出门的时候，她还特意化了妆，雅诗兰黛 DW 防水防油，看来是不防尘土的。

少年是在这个时候出现的。

提着满满一袋子桃子从她面前走过，不知道是被少年的脸吸引，还是太喜欢吃桃子了，白白拦住了少年，问道："小哥哥你知道何大壮家怎么走吗？"

"你去她家做什么？"少年的表情有点警觉。

"我是她朋友！她让我帮她看家，她还说她隔壁的邻居长得特别好看，我不信，我就过来了！"

少年的脸突然间红了起来："也没有那么好看吧！"

"嗯？"

"我就是她的邻居。"

白白觉得，这个世界真的太可怕了！长得好看的人都这么没有自知之明吗？何大壮的邻居简直可以称为渔村第一刘昊然了，比自己那个杀千刀的前男友好看一百倍啊！

"走吧！她家有点远！"

白白拖着行李箱，跟着少年走在海边的小道上。跟上海不一样，这里放眼看过去都是蓝色，海就在触手可及的地方，不管是大人还是小孩，皮肤都是黑黢黢的，穿着一双拖鞋，好像随时都准备投入海的怀抱一样。这儿的温度也比上海低，平时这个时候，她都只能躲在空调房里，这还是她第一次感受到这样自然凉爽的夏天。

02

编辑家里虽然没有人住，但是很干净，一楼是吃饭的地方，卧室在二楼，白白走上去，竟然发现二楼还有一个露天阳台。她放下行李，从包里拿出床单铺好，洗完脸就睡着了，明明是七月最热的时候，却还能在房间里闻到海的味道，真舒服啊！

白白醒来的时候，已经是第二天了，不出所料，她的肚子饿了。

翻了一圈，确定没有可以吃的东西之后，她一直犹豫着要不要出去买泡面，这时候敲门声突然想起了。

"谁啊？"

"我做了早饭你要不要吃？"

是少年的声音，自带食物光环的男人简直太帅气了，此刻白白的心里就好像是在玩儿游戏一样，对少年的好感度又上升了百分之十。

"要要要！"

白白打开门，看到端着面碗站在门口的少年。那个瞬间白白终于明白了，"要想抓住一个人的心，先要抓住一个人的胃"这句话的正确性了。

要是每天醒来都有这样的一张脸，问自己吃不吃早餐，别说写一部小说，就算要她写部百万大作她也是可以的！编辑这一招太狠了！

"对了，你要是做饭的话，村口有家商店，可以去买菜的！"少年一边看着她坐在那儿大口地吃面，一边提醒她。

"好的，但是，我不会做饭。叫外卖就可以了！"白白拿出手机，指着上面一排外卖 APP 得意地说："我在上海，就是外卖小达人！我可以教你用最划算的价格点到最好吃的外卖。"

少年听了笑了一下说："可是你现在不在上海啊。"

白白点开软件，发现这里不仅没有外卖，就连她的手机信号都差得要命。她停下吃面的动作，看了一眼少年说："那我不吃了，剩下的留着中午吃吧！"

少年看着她又笑了一下，白白倒是突然间机灵了起来："你中午是不是要做饭？一份饭也是做，两份饭也是做，不如你做……"

不如你做两份啊！

白白看着面前的桃子，还有头顶灼热的日光，后悔自己把话说完了，她现在觉得，就算不吃饭也是没有关系的，她只想回家去躺着，当一名四体不勤、五谷不分的社会败类。

少年说他上午要去果园摘桃子，如果白白能给他打下手的话，他可以考虑中午做饭的时候给白白带一份。平日最多就是从房间走到电梯口去拿外卖的白白，在少年的美色面前，还是……拒绝了他的建议。

"不要，我是过来写稿子的，帮你干活，稿子没有写完，会被打死的。"

"中午吃鸡腿、茄汁虾仁、鸡毛菜……"

"好了好了，我去！"

放眼望过去都是桃子。夏天的时候，吃桃子是一件特别开心的事情，掰开桃子听到的"啪"的一声，跟把冰块扔到可乐里面一样，让人快乐！可是摘桃子一点都不快乐。

可能是环境比较好的缘故，这里的桃子都毛茸茸的，白白虽然喜欢吃桃子，但是桃子拿在手里的手感却不太好，不记得抓了几个毛茸茸的桃子，白白就晕倒了，摘的桃子飞了出去，最后又落了下来，砸在她身上，不过她已经没有什么感觉了。

再次醒来的时候，她已经躺在了床上，风扇在一旁呼呼地转着，吹过来的风凉凉的，让人觉得好舒服。

房间里还弥漫着一股香香的味道，好像是茄汁虾仁的味道。躺在家里什么都不用做，不用写稿子，还有人做饭，这就是理想的生活啊！

过了一会儿，房间里有脚步声响起。

"喂，起来吃饭了。"

明明很早就醒来了，可是在起来的那个瞬间，白白还是决定装一下柔弱，于是扶着额头走到了餐桌边，其实她的视线早就被食物吸引了。

这可比人民广场的外卖好吃多了啊！

"你今天中暑了，不能吃这些，我给你熬了粥。"

粥？美食当前，你让我一个人喝粥？白白气鼓鼓地看了少年一眼，随后就偏开了头，完蛋了，这个人长得这么好看，还一本正经地回望着自己。这就是在犯罪啊，想以心动杀人罪将他合法逮捕。

白白觉得好看的男孩子说什么都对。

少年给白白端了一碗粥，和白白的名字一样，白白净净的。

白白眼底闪过的失望被少年收进眼底，但是他却埋头吃着茄汁大虾，不去理会。

倒是白白，本来毫不期待地拨弄着白米粥，却惊讶地发现，那一层白米粥下面明明有很多虾肉。

"唰"地一下，白白的眼泪就落了下来，少年开始手足无措，说："怎么了？怎么了？怎么哭了呢？"

"除了我爸，从来没有人给我剥过虾，太感人了！"

少年害羞地挠挠头发。

"那你能不能把那盘茄汁大虾都剥给我吃？"

03

在乡下住了很长一段时间，白白才知道，原来少年的年纪跟她一样大。

“我已经二十五岁了！”

“那真是太巧了，你跟我一样大！”说着白白拿起少年带给她的桃子，咬了一大口，这次摘下来的桃子脆脆的，但是甜度不够，少年说，是因为没有晒到足够的阳光。

“我教你啊！遇到不太甜的脆脆的桃子，只要给他们抹上一点点盐，就会变得非常好吃。”

少年拿着剩下的桃子走到厨房，拿出刀把桃子切好，再从碗橱里拿出盐来一个个抹上，熟练得就好像是自家厨房一样。他说：“你尝尝，是不是好吃多了？”

原本涩涩的没有甜味的桃子，此刻却突然间甜了起来，白白看了看少年，忽然觉得，自己好像喜欢上了他。

他跟白白之前交往的对象完全不一样，不认识什么国际品牌，衣服也穿得很朴素，每天都在海边，在太阳下跑来跑去。晒得黑乎乎的男生，此刻取代了二宫和也、坂口健太郎在白白心目中的位置。不用去金茂的豪华餐厅，或者是预约迪士尼的梦幻烟花晚餐，就这样静静地啃着不太甜的桃子，她也觉得非常快乐了。

喜欢一个人，就是跟他在一起做的一点点小事，都能变成快乐的、值得铭记的大事。

而这种吃桃子的方法，就好像是他们之间的秘密一样，想到全世界就只有他们两个人知道这种吃桃子的方法，白白就感到快乐。

但是快乐持续的时间总是很短暂。

白白很快就写完了全稿，也快速地完成了在上海一直拖拖拉拉没有写的征文比赛的稿子。

一开始来这边就是为了赶稿，现在稿子写完了，她也要去过黄浦江贵妇的生活了，遇见一个人然后留在这里天长地久什么的，都是小说里面的情节，在现实生活中是不会发生的。

她也不允许这种事情发生，上一段感情的失败已经让她有所防备了，"一朝被蛇咬，十年怕井绳"这句俗语说得很有道理。

恋爱不会让人发财，只会让人难受。我都要发财了，恋不恋爱又有什么关系呢？

白白给编辑打了通电话汇报工作进度，又让她帮忙订了一下回上海的机票。

离开这里以后，所有的快乐都会变成夏天里的记忆，她还是那个在上海点着外卖、感慨着失恋的苦逼少女写手，少年也依旧是奔跑在海滩边的少年。

离开的前一晚，少年说机会难得，晚上一起去看流星雨。

"狮子座流星雨，难得一见啦！"

白白在心里回忆，自己应该没有跟他说过她很喜欢看星星这件事吧！还是说少年其实是她肚子里的一条蛔虫，知道她喜欢吃桃子，喜欢吃虾，喜欢看星星？

晚上他们在楼顶上架了一个烧烤架，没有啤酒跟烧烤就不能称作是完美的夏天，但是有一个好看的男孩子在身边，本身就很完美了吧！

少年专心地坐在烧烤架前面，给白白烤鱿鱼。乡下食材不多，还好靠近海边，海鲜跟贝类都很多，白白好久没有吃到烧烤了，馋得要命，不停地催促着："好了没有啊？熟了没有啊？"

"快了快了。"

离开这里以后，就没有好吃的桃子了，也没有人给自己剥虾、烤鱿鱼了。

一瞬间，白白有点难过，可是下一秒她就意识到，比起没有好吃的桃子，比起没有人给自己剥虾、烤鱿鱼，更让人觉得揪心的是——也没有这个让自己喜欢的人了。

"流星！"

倒是一直专心烤鱿鱼的少年先发现了流星，白白听到声音的同时，抬头看了看天空，墨蓝色的天空上，流星拖着长长的尾巴划过。

在上海是看不到流星的，能看到星星的日子也很少，她跟前男友在一起的时候，偶然在苏州看到了星星，但是对那个人来说，看到星星是稀松平常的一件事，根本不值得停下脚步。

白白看着流星，还是决定俗气地许个愿。许愿他们能在一起？许愿他能喜欢她？可是他们之间不会有什么未来吧！那，还是祝他年年有钱好了，喂，有钱也不要忘记她啊！

"鱿鱼好啦！"少年端着烤好的鱿鱼，坐到白白身边。

"你喜欢什么类型的女孩子啊？"鱿鱼烤得刚刚好，不知道他做了什么秘密酱料，吃起来就是比外面买的烤串要好吃很多。

"喜欢吃东西的那种，不以减肥为目的的女生。"

"要是吃胖了二十斤，你还会喜欢她吗？"

"嗯，可能吧！"少年转过脸，闷闷地说了一句。

少年又小声地说了一句什么，白白笑了一下，没有回答。

流星雨、烤串、可爱的少年，组成了夏天的记忆。

早知道就应该跟流星许愿说好想谈恋爱了。恋爱完全不需要什么理由，喜欢也不需要什么理由，哪怕你成了一个胖了二十斤的胖子，在我眼里，你依旧是全世界最可爱的、我最喜欢的胖子。

04

第二天一大早白白就拖着行李箱走了。

她没有给少年留下什么东西，他们本来就是偶然间遇到的，就好像关在高楼里的鸟，跟海边自由自在的鱼，两个物种，两个完全平行的世界，分开后永远也不会再见面了吧！

去编辑部交完了稿子，又去影视公司聊了剧本以后，白白走在上海炎热的街道上，她觉得生活好像没有什么变化，又好像什么都变了。

她不再在意那个人渣前男友还陪不陪她去迪士尼当公主，也不好奇人民广场的网红食物现在能不能在一小时内全部买到，她甚至都不再用外卖软件点东西吃，而是每天早早地起床去菜市场买新鲜的蔬菜和水果。

"蛤蜊的话，先要用盐水泡半个小时，沙子吐干净就好吃了。"

"桃子不甜的话，记得给他们擦点盐。"

"水煮肉片啊，酱料要用小火慢慢炒，大火一下子就煳了。"

不是真的想一个人生活，只是害怕某一天，对方突然离开自己。因为不想拥有那种失落感，所以才选择一个人生活；因为不想再被别人放弃，所以才选择在没有深陷的时候溜走。一直以来，她都只是一个逃兵而已。

彩虹合唱团音乐会的那一天，白白邀请何大壮一起去了，她还在吐槽白白："号称普陀区一号死宅的你，竟然会在夏天出门，太不可思议了。"

白白给了她一个白眼："这不是带着你提升一下音乐品位嘛！"

音乐会进行到一半的时候，合唱团唱了他们的新歌《水库》，听到了歌词白白就笑了，

"就算主副歌完全没关系，我也好想谈恋爱，想带你吃遍全世界的水果……"

这个时候，白白想起了那个少年，那个给她剥虾、摘桃子吃、小声说就算她胖了二十斤，也会喜欢她的少年。

"想什么呢？"何大壮敲了敲她的头。

"我这么可爱，我前男友为什么不肯带我去迪士尼当公主？"说完白白自己都笑了。

刚说完这一句，手机上就蹦出了一条短信。

"新男友带你去迪士尼，去不去？"

白白错愕地看了何大壮一眼，何大壮摊摊手说："你自己不给

人家留电话号码，人家来问我，我自然不能不说吧！"

"你不是在乡下吗？怎么会突然跑来上海？"白白的手指快速地在键盘上敲打着。

"来接我女朋友啊！"

"你是个逃兵，可我不是啊！"

哎，即使天气炎热，也还是想要谈恋爱，想跟可爱的男朋友一起去迪士尼当一个不惧炎热的英雄。

05

白白跟少年在一起之后，才发现少年的秘密。

白白指着电视里接受采访的男生问："你解释一下，这个人是谁？不要跟我说你有一个长得一模一样的哥哥。"

电视里的少年，穿着好看的西装，正在接受采访，谈到最新的基地直送新鲜水果，少年的脸上满是喜悦。

"你又没有问过我的身份，我确实是何大壮的邻居，不过我们家已经定居在上海做生意很久了。"

"那你怎么会出现在那里呢？"

"我问了大壮，她说你会去啊！我等你分手已经等很久啦！你都不记得我们见过面吧？之前在大壮的办公室，我给你递过水果啊！你还在小声嘟囔着男朋友可能不够爱你，都不愿意陪你去佘山看星星。"

哎，看来一切都是上天的安排，白白笑了一下。

夏天真棒啊！啤酒、小龙虾，还有宇宙无敌可爱的男朋友！

当我失恋的
那个夏天

坏的恋爱让人沉沦，
好的恋爱使人进步哦！

01

那个夏天，我失恋了。

意识到这件事的时候，我已经在泳池里待了好久，只有游泳能解救我，于是我就住在了游泳池里面，从左到右一直不停地游来游去。

钻出头来呼吸的时候，体育馆里面多了一个人，他正睁着大眼睛盯着我，用英文问我："你是美人鱼吗？"

"我是美人，不是鱼。"我大声地用蹩脚的英文回复他。

他扑哧一下就笑了，我瞪了他一眼，好啦，我知道了，我就是因为不够漂亮才被甩了的，我从水里钻出来，用毛巾擦了一下身上的水珠。

"我是学生，你好！"

"你好！"

好像是有听我爸说过，最近他要负责一个什么数学比赛，会有不少学生过来培训。数学学得好真厉害啊！出来培训都不要钱，学校还准备了各种优越的设备，比如，他们可以自由使用游泳池，而我只能偷我爸的卡。

"你是想要来游泳吗？"我一边用英语问他，一边比画。陷入了失恋的痛苦当中的我，已经陆陆续续地追完了《神探夏洛克》《了不起的麦瑟尔夫人》《去他妈的世界》等电视剧，英文水平终于实现了从零到一的突破。

"我是迷路了。"他的声音很低，听起来有点像年轻版的夏洛克，又像咬了一口沙瓤西瓜。一贯懒散的我竟然很想再听他说话，于是我对他说："那我送你吧，你等我！"

我转身去更衣室换衣服，想着游泳还能遇到一个这么可爱的学生，也算是拯救失恋的利器了。

数学比赛的培训班在 A2 栋，从游泳馆走过去也不需要太长的时间，只是中间有一段路正对着太阳，我出门的时候没有带太阳伞，太阳晒得我快要睁不开眼睛。我眯着眼睛，不知道要跟他说什么，我绞尽脑汁，才搜索出几个单词。

"你从哪里来？"

"英国！"

"夏洛克！"

男生朝我笑了一下，一脸你懂得的表情。本来我还想问一下，贝克街 221 号的事情，想了一下自己并不知道这几个单词怎么读，最终还是放弃了。

"对了，你叫什么名字呀？"

大概是看我一直眯着眼睛，男生把他的墨镜取下来，用纸巾擦了一下递给了我，说："bopp。我父亲说，我出生的时候，天上有一颗叫 bopp 的星星划过，就给我取了这个名字。"

英国人可真浪漫啊！我在心里感慨着。

把他送到了 A2 栋的时候，我看到了让我失恋的那个人——赵子淇。真是过分，竟然以我身材太差，长得像株没有施肥的韭菜为理由把我给甩了，气死了！

我本来还想大摇大摆地走过去，气气他，让他知道即使被他甩了，本小姐也不会伤心的，可是因为游了太久也没有吃东西，我一时脚软，摔倒在了地上，就在一群特别优秀的数学尖子生面前，狠狠地摔了一个狗吃屎。

我看了一眼赵子淇，他站在那里一动没动，甚至还露出了一丝笑容，倒是 bopp 第一时间冲到我身边问我："你没有事吧？你还好吗？"

声音太好听了，一瞬间我还以为是夏洛克在跟我说话。

02

我的英文水平很差，但是也挂名成了这个数学培训团的助理，因为我爸就是一位特别厉害的数学老师，他不想我暑假老是在外面给他找麻烦，就干脆把我放在了他身边，不过特别遗憾的是，我并没有继承他在数学上的天分。

赵子淇数学成绩好，英文也好，又是东道主，也是这个培训团的助理，反正他会负责跟这些外国友人打交道，我就偶尔出现一下打个酱油就好了。

赵子淇对我这种关系户总是一脸鄙夷，明明分手之前还觉得我特别优秀，想来他也只是想通过我接触我爸爸吧！

真扎心。

倒是那个叫 bopp 的男孩，每次看到我都会跟我招手，好像见到了什么了不得的大明星一样，这让我很有成就感啊！仔细看起来，bopp 长得还挺好看呢！鼻子很挺，蓝眼睛，虽然脸上长了几个小雀斑，但是看上去特别可爱。

他们来内地培训一个月，然后要去参加数学比赛，我看不懂他们培训的那些东西，也没有什么压力，我也不好意思在一群学霸面前当一个堕落的废柴，所以他们上课的时候，我就坐在走廊上看英语小说，大概是小学生水平的那种。

本来失恋就是一件很痛苦的事情，在天天都能看到前男友的情况下，就更痛苦了。我每天白天去游泳，然后陪着他们上课，无聊的时候就听 bopp 跟我讲英国的天气，一段时间下来，我竟然觉得日子没有那么难熬了。

bopp 对我很热情，但是其实他是一个沉默的人，不太爱说话，也不会公开发表他的观点，除非老师点名让他做题，他才会走到黑板面前写下一大堆我看不懂的数字。

我虽然看不懂那些题目，也不太懂英文，但是偶尔从学生们的嘴中蹦出来的"很厉害"这样的单词我还是能听明白的。

"你跟那个 bopp 关系很好啊！"我爹在吃饭的时候八卦了起来。

"还行，人 bopp 多可爱啊！"

"小伙子长得挺好的，脑袋瓜也聪明，就是不太爱说话。"

"你以为人人都跟岳云鹏一样，上台就能啪啪啪给您整一段单口相声啊！"我低头扒了一口饭，没好气地说着。

"你这小丫头，见色忘父。"

失恋太痛苦了，不想谈恋爱，当然这种话不能跟我爸说，要不然，赵子淇哪里还能在培训团待下去，早就被我爸拆皮剥骨了。

吃过饭休息了一下，我又拎着东西去了游泳馆，bopp 已经在那里了。

"连连，连连！"他冲着我招手，可能是从 A2 栋走过来的缘故，他白皙的脸上晒出了两团红色，看上去像一个小苹果，特别可爱。

我的名字里有"年"字，但是他发不好这个音，一开始我还试图矫正他，告诉他"是年，不是连，不是连"，到后来我都随意了，他开心就好。天才这种生物总是不拘小节的，平时他们演算数学题都要花很长的时间，我就不要在这种小事上跟他计较了。

哦，忘了说了，赵子淇也在，还带着他那个发育良好，施了肥料的新女友。

"余年年，你也在哦！"赵子淇酸溜溜地说了一句。

"怎样？游泳馆你家开的啊？学校的公共财产上，没写你的名字吧！"

"行行行，你厉害，话说你这么快就跟大不列颠的男孩子关系这么好了？"赵子淇看了一眼缩在泳池边的 bopp，脸上的表情很是让人讨厌。

"这个人可不是什么很阳光的家伙哦！"

"你烦不烦？你是大学生竞赛能拿第一名还是怎样，有瞎分析这个的时间你能不能回去多写两道题？"

bopp 听不懂中文，一脸疑惑地坐在那里，等我走过去，才小心翼翼地用英语问我怎么了。

"没事，他夸我长得好看呢！"

bopp 突然低下头，笑了一下："是人鱼公主呢！"

我被他这突如其来的一句"人鱼公主"给惊到了，也有点羞涩。bopp 跟赵子淇不一样，他虽然很有才华但是很低调，虽然不爱说话，但绝对不是个不阳光的人啊！他们都不了解 bopp，他可是一位在把眼镜给女士戴之前都要先拿纸巾擦一下的绅士好不好。

03

失恋的痛苦持续的时间很短，就跟夏天一样短。

我跟 bopp 一起游泳，一起做题的夏天也很快就要结束了。在这期间发生一件特别让我解气的事情，赵子淇并没有通过中国区的筛选，被排除在了数学国际竞赛的大门之外，而被他评价为阴郁少年的 bopp 却以第二名的成绩被选进了英国区。

我当然知道 bopp 为什么是第二名，因为第一名会被人记得，他根本就不喜欢那样的场合，他喜欢的只是数学给他的感觉而已，就像我喜欢在水里游来游去的感觉，很自由，所以我跟 bopp 相处起来也很自由，我们都没对对方有过多的要求，不需要对方像相声演员一样喋喋不休，也不需要对方像施了肥料的韭菜，生长茂盛。

但是我们都不喜欢离别这件事。

所以培训结束的庆功宴我没有去，我草草地跟他说了声"再见"就消失了，假装没有看到他眼睛里的失落。

"你真的不跟我们去庆功宴啊？"我爸出门前还在问我，"听麦克老师说，你的 bopp 还特意给你准备了礼物哦！"

"你怎么这么八卦，我说不去就不去！"我赶紧把我爸推出了门。

"爸爸都知道的！"

"你好烦啊！再不去就要迟到了！余老师！"我关上门，脑子里回忆的都是 bopp 喊我美人鱼的场景。

还是当朋友好了，跟我这种平淡无奇的人物在一起，他肯定享受不到跟数学在一起时的那种快乐吧！所以还是什么都不要改变好了。

这就是一个普通的失恋的夏天，没有游泳池，没有 bopp，什么都没有。

我在家里看《神探夏洛克》第二季，特别喜欢夏洛克解锁密码的那一段，尤其是他特别笃定地输入"sher"这个单词的瞬间。

那种确定感让我深深着迷，那种感觉我在 bopp 身上看到过，他上台解题的时候，身上也散发着这种确定感。

可能，学渣就是很容易喜欢学霸吧，因为学霸身上都有那种确定感。

听我妈说，我爸带着培训团的学生还有其他的老师去外面吃饭了。挺好的呀，不过这日子刚好赶上七夕，到处都是秀恩爱的人，估计他们也很难找到吃饭的地方。

我坐在家里吃薯片，看到夏洛克皱眉，我心里就一抽一抽的，可真难过，多么好看的男人啊！

可是我妈就是不让我如意，硬是抢了遥控器说："你爸刚刚说，他们出门的时候遇上电视台在直播，说不定能有机会上电视呢！"

"妈，别闹了，你天天看着我爸还没有厌烦啊，看个电视还要围着你老公？"

抗议无效，最终我妈还是把电视台转到了正在直播街上的情侣的节目。果然，我爸这个戏精男子，看到有电视台的人出现就带着那群天真可爱的外国学生出现在了他们的镜头当中。

"你爸，你爸！"

还没有来得及吐槽，我爸的镜头就一闪而过了，取代他出现在电视屏幕上的是 bopp 的脸，都说镜头是一个大规模杀伤性武器，可是 bopp 接受了镜头的考验后，还是很好看呢。

主持人说的都是中文，他听不懂，他稍微蹙了下眉头，主持人大概是意识到了这一点，转换了一下提问的方式，把一个情侣大会的现场，变成了一个教外国人说中文的现场。

"今天是中国的情人节哦，我来教你怎样用中文表白？"

Bopp 跟着点了下头，也是，都来中国待了一个月了，回去也不能只说自己数学成绩提高了，学几句中文还是很有用的，就像我，为了跟 bopp 交流得顺畅一点，也终于能从学习小学英语阅读教材跳到学习初中英语阅读教材了呢。

"你跟着我说，我爱你！"

Bopp 侧对着镜头，看着记者，认真地学了一句："我爱你！"

啧啧啧，小伙子中文水平不错啊！

说完以后，他又转了过来凑到了摄影机面前，正对着镜头大声说了一句："我爱你！"

哎，要是哪个英国女孩成了 bopp 的女朋友一定会很开心吧，自己的男朋友不仅数学很棒，中文也说得特别好哦！

我叹了口气，想起身去冰箱里拿瓶养乐多喝，刚起身，电话就响了。

"连连，我爱你！"

名字的发音还是非常不标准，尽管被我吐槽了很多次，但是，"我爱你"这三个字的发音还是非常标准的。

在我失恋的那个夏天，我学会了游泳，成了别人的美人鱼，尽管我看起来就像一株发育不良的韭菜。

然后我又恋爱了，我的英语水平也进步了。

总之，美好的恋爱能使人进步哦！

我的男友

我能有的不多，只有这么多，
但是我都可以给你。

01

夏天的时候，我换了工作，从家到新公司需要坐一个小时的地铁。上班如上坟，每天通勤的八号线对我来说就是一场噩梦。

夏天的时候，我还疯狂地迷上了口袋妖怪 GO 这款手游，每天一出门就开始抓小精灵。我对游戏并不擅长，这种毫不费脑筋的游戏很适合我打发通勤的无聊时光。

我的男朋友就是在地铁上认识的。

那天刚上地铁，我就照例拿出了手机，沉浸在我的游戏世界里。不记得车开了几站，手机突然震动了起来，我举起手机，果然在车厢里发现了一只小精灵，嗯，皮卡丘。

在地铁上抓小精灵其实是门技术活，一只手要拿着手机，另一只手要滑动屏幕，把屏幕上的精灵球扔到小精灵身上，直到响起一声"gocha"，你才算抓到了小精灵完成任务。而这只皮卡丘，正停在对面站着的人身上。我玩了一个多月都没有遇到过皮卡丘，对我来说，抓住皮卡丘真的太重要了，它强烈地影响了我今天上班的心情。

我左手举高手机，右手滑动屏幕，扔了好几次，系统里都没有响起那声"gocha"，精灵球倒是被我扔得差不多了。在我懊恼地准备收起手机的时候，刚刚皮卡丘停留过的那个人，却径直走向了我。

"地铁上偷拍别人是不对的。"

男孩子朝我走过来，他的个头虽然比我高了不少，但是我却意外地看到他的耳朵全红了。

"我才没有偷拍你。"作为一名上班族女性，气势上就不能输，我站直了身体让自己看上去高一点。

"你刚刚一直举着手机对着我。"

我掏出手机，点开了游戏，让人开心的是，那只皮卡丘还停在那里。

"我是在玩游戏。看到没？你刚刚站的地方有一只皮卡丘。"我的手指滑过屏幕，一声熟悉的"gocha"终于响了起来。

"啊啊啊啊，抓到了，你看，我抓到了皮卡丘。拿手机对准你，是因为小精灵停在你身上啊，只有把精灵球扔中了，系统提示'gocha'才算赢了。我才没有偷拍你。"前一秒强行装出来的成熟感在抓到了皮卡丘以后消失得一干二净。

却没有想到这个男孩子退后了一步，拿出他的手机，对准了我，小声地喊了一声"gocha"。

如果是其他的男孩子，我可能会在心里骂一句"神经病哦"，然后换到别的车厢，到人民广场站就下车。但是这个男孩子太好看了，蓝色的眼睛就好像一片宁静的海，而我，就是在海里的鱼，理所当然地沉迷在那片海当中。

02

这么说起来，我跟阿傻的相遇，好像脑残言情小说的剧情。

阿傻本名叫林飒，比我小五岁，是个混血儿，有着好看的蓝眼睛，为了方便、省事，我就直接喊他阿傻。至于他为什么会喜欢我，要跟我在一起，我完全不知道理由。我想他可能是眼睛有问题，既然他都已经瞎了，我就更应该好好照顾他了吧！

但是阿傻不这么认为，他总是用他好看的蓝眼睛直直地盯着我说："琪琪，听说耳垂厚的人比较有福气，那遇见你是不是我的福气呢？"

拥有一张帅气的脸蛋儿的男人跟你说这样的话，请问你能把持得住吗？真不知道他的中文是跟谁学的，说起情话来一点都不含糊。

在一起以后，阿傻的手机密码、银行卡密码全部换成了我的生日，跟我在一起的时候，他几乎不玩手机，没有跟其他女生接触的迹象，熟记我不爱吃的食物，甚至从来都不嘲笑我分不清拖鞋的左右脚。我下班回家的时候，最常见到的景象就是，阿傻围着我买的轻松熊的围裙，站在料理台前手忙脚乱地做饭，还美其名曰"要留住谁的心就先留住谁的胃"。

自从我们在一起以后，我从遥远的城郊搬到了一个离公司近一些的地方住，阿傻从学校过来的时候，如果时间刚好，就会在地铁站等我。站在地铁口的阿傻，有时候戴着毛绒针织帽，有时候拿着一本小小的书。一想到这么好看的人竟然是在等自己，我就觉得超级开心。

说我不自卑，应该是假的。从小到大，我都处在一个毫不显眼的位置上，却没想到忽然拥有了中五百万的运气，因为玩游戏而捡到一位这么帅气的男朋友，我感觉我一生的好运气都用完了。

所以跟阿傻在一起的时候，我极度的低调。

跟阿傻一起走在街上的时候，我也是扭扭捏捏，不敢光明正大地牵着他的手，阿傻虽然有点不开心，但是也没有说什么。

我想，这么好看的男朋友，总有一天会离开我的吧，所以有同事跑来问我有没有男朋友的时候，我也只是说长得不好看，没有男朋友。

却没有想到，情人节的时候，我跟阿傻在外面吃饭，恰好遇到同事。他们看到我跟阿傻牵手的时候都露出目瞪口呆的表情，虽然这让我有点开心，但也让我有点惶恐，我害怕阿傻离开我，我也害怕承认自己非常喜欢他。

直到有一天我有点头晕，想去天台透透气的时候，听到了同事们的对话。

"那个赵琪琪，不知道一天到晚拽什么拽。"

"人家有个好看的外国男友啊！你有吗？"

"是啊，还神秘兮兮的，说自己没有男友，还怕别人抢走自己的男友吗？"

"那个男孩子真的是眼瞎了，你看看我们，哪个不比赵琪琪好看？"

是啊，阿傻为什么要在地铁上跟我搭讪呢？为什么要喜欢我呢？

我脑子里突然闪过以前看过的少女漫画里的情节——被人嫌弃的女主跟人见人爱的男主成为朋友，可是女主因此受到的孤立越来越多，关于男主的风言风语也越来越多，女主害怕拖累男主，就主动要求保持距离。

我觉得好生气，我的阿傻只能被我说傻气，其他人说他一句坏话，我都好生气。最让人难过的是，别人这么说他还是因为我。

那天阿傻照例在地铁口等我，我们说好了晚上一起去日料店吃寿喜烧。

到地铁口的时候，我发现阿傻身边站着一个女孩子，她穿着粉色的外套，背后还有一只长长的兔耳朵，裙子也是带着小花边的，站在阿傻身边，画面竟然异常的美好。

阿傻可能是等了很久，四处张望的时候发现了我，立马朝我挥了挥手。

"琪琪你今天下班好晚，我有点饿了。"阿傻抛下站在他身边喋喋不休的女孩子，想拉住我的手，却被我巧妙地躲开了。

"今天下班有点晚。"我随口敷衍着，眼神却停在那个女孩子的身上。她身高一米六五左右，腿细，看样子不像是个脾气不好的小姑娘，如果阿傻跟她在一起，我也不是不能接受。我有点生气自己会冒出这样的想法，但是却无法停止自己的想象——阿傻跟那个女孩子一起，也给她做好吃的料理、陪她看午夜场电影、陪她一起喝奶茶……

"哦，琪琪，这是我们班同学，许茗幽，刚刚在这里偶遇的。这是我……"

还没有等阿傻把后面的话说完，我就抢先一步开口："我是他的远房亲戚。我们要去吃寿喜烧，同学你要一起吗？"

"不了不了，我刚刚只是要去坐地铁，那我先走了。"女孩子说完就红着脸走了，大概是得知我是阿傻的远房亲戚，松了一口气吧！可能之后也会跟朋友吐槽，那个站在阿傻身边的看上去就很土气的大姐，只是他的亲戚吧！

如果我跟阿傻分手，公司里就不会有人背着我说我的坏话，说阿傻眼瞎，阿傻也能顺利地跟同年的小姑娘交往。这样想起来，也许真的不坏。

其实我也不是多么高尚的人，我比阿傻大了五岁。他还有大把的青春可以挥霍，我就不一样了，恋爱对我这个年纪的人来说，应该不是我喜欢你，我们就可以在一起，而是，需要找一个人，走完人生的路。

"你为什么说你是我的远房亲戚？"切成薄片的牛肉被放在了锅中，嗞嗞作响，阿傻的问题就像一枚炸弹，直直地朝我扔过来。

我以前也不是没有谈过恋爱，恋爱对象的年龄都要比自己大个两三岁。原以为跟年长一点的人交往会比较省事，却没有想到男人不管多少岁，都很幼稚，撒劣质的谎，说蹩脚的情话，想要摆脱一个女人的时候也总是选用最不直接的方式。总是埋怨男生是渣男，惯用各种套路，却没有想到有一天，自己也要在一段感情里计较来计较去，想着用哪个套路才能完美抵御对方的攻击。

"琪琪，你最近这两天很奇怪。"

我夹起一片熟了的肉放在阿傻的碗里，寿喜烧锅内的热气慢慢升腾着，我看不清阿傻的眼睛，也看不清自己的心。

03

后来的几天，我都沉浸在要找个什么样的理由跟阿傻分开的痛苦里。

想到以后再也没有人系着轻松熊的围裙举着锅铲大声地喊"琪琪你别过来，这里危险"，也不会有人在去海洋馆的时候，正儿八经地蹲在水母缸面前问"琪琪，水母的脚这么长，他们互相从对方面前游过的时候会不会缠住对方"，我就觉得异常悲伤。

我打开家门，里面黑漆漆的，没有阿傻在厨房里忙碌的身影。打开灯的瞬间，却发现阿傻呆坐在沙发上。

"你吃饭了吗？我还没有吃，要不我们去平成屋？"

阿傻不回答我，蓝色的眸子里，传递出一种伤感的情绪。他在身后摸了很久，摸出一只黑色的钱包，摆在我面前。

"琪琪，这就是你最近很奇怪的原因吗？"

钱包是我很久以前用过的，后来买了新钱包就忘记了。阿傻在我钱包里发现了什么吗？我狐疑地打开钱包，一张男孩子的照片出现在照片夹的位置上。

"你是不是因为这个人，所以最近才很奇怪？"

照片里的人，是我一年前交往过的男孩子，分手以后我就再也没有用过这只钱包，也就一直丢在那里没有管。不如将错就错，就说自己对前男友还没有死心，这样就能跟阿傻分开了吧！也不需要找什么别的借口。

我的大脑飞速运转，完美地编造了一系列说辞。按照这样子说，就再也不需要烦恼同事说的话和阿傻同学的目光了。但是，为什么，我却迟迟开不了口？

"是这样子的，我跟你在一起了，但是我发现我放不下我的前男友。"赵琪琪，只要你这么说了，你这些日子的烦恼就都没有了哦，你再也不用担心，你会成为阿傻被别人嘲笑的原因了哦！

我却开不了口，眼泪"哗"地一下流了出来。

阿傻也愣住了："琪琪你要是真的很喜欢他，我可以……"

"这是我的前男友啦，我根本就不记得他的照片还在这只钱包里。"脱口而出的却是真实的答案，根本就不是脑子里原先设想的那些说辞。说出来的话，阿傻就会跟我分开，我不要，我不想要那种结局，什么别人的看法，有没有未来，根本不重要，重要的不就是，阿傻现在跟我在一起很开心吗？

"那你现在没有喜欢他了？"阿傻起身从茶几上的纸抽里抽出了纸巾，帮我擦了擦脸上的眼泪。

"没有。"

对方也不怎么喜欢我，分手也是很和平，并没有什么可以值得留恋的部分。

"吓死我了，我还以为你发现你还喜欢他，要跟我分开。"阿傻长吁了一口气，用双手抓了抓自己微卷的头发，"太好了。"阿傻伸手抱住了我，下巴搁在我的肩膀上，我只听到他一直重复着"不是那样太好了，不是那样太好了"。

"原本是想过要跟你分开，但不是这个理由。"这一句话，在看到阿傻的表情后，被我吞了下去，这么可爱的男孩子，就算世界毁灭我也不想跟他分开。

"琪琪，我们去吃饭吧！我因为担心你会跟我分开，这几天都没有好好吃东西，现在终于饿了。"

"那今天是不是可以点烤秋葵跟啤酒？我还想要吃毛豆。"

两个人的肚子都爆发出一阵咕噜咕噜的声音，我们对视一下，都笑了。这种像笨蛋一样的恋爱，真是让人好开心啊！

我们走在冬天的街道上，嘴巴里呼出了白气。路过垃圾桶的时候，阿傻停下来，从口袋里掏出什么东西扔了进去。

"琪琪，那只旧钱包，我帮你把它扔了。"

"那你是不是要赔我一只？"本来就是要扔掉的东西，只是放在那里忘记了，如果不是因为阿傻突然间翻出来，或许我还在想着要跟阿傻分开，想到这里，我紧紧地握住了阿傻的手。遇见笨蛋的概率是六十亿分之一，我才不要因为别人的几句话就放手。

04

圣诞节的时候，我加班有点晚，阿傻站在地铁口等我，边上站了几个女孩子，估计是犹豫着要不要跟眼前的这个大帅哥搭讪。

"对不起，麻烦让一下，你挡着我牵我男朋友的手了。"我拨开那群花痴的女孩子，拉着阿傻走了。

阿傻笑盈盈地任由我牵着他走在拥挤的道路上，我感觉我的脸一定特别红。

"琪琪，我觉得你刚刚有点帅呢。作为奖励，这个是送你的。"

阿傻把手里的纸袋递给我说："拆开看看，看看外国人的审美跟你会不会有差别。"

我拆开纸袋，里面是一只钱包。

"前几天，我不是扔了你的旧钱包吗？然后我给你买了一只新的。"我打开钱包，阿傻跟我的合照就摆在照片夹的位置。

新钱包怎么这么鼓？我看了看阿傻，他偏过头去不直视我，钱夹的内层里，整齐地放了一沓人民币。

"哈哈哈哈，老婆本的一小部分。嗯，每个月都存点，存着存着就够了！"

哎，明明是个外国人，到底是看了什么电视剧学的这些撩妹的套路。我伸手揉了揉阿傻的头说："谢谢你哦！"

恋爱到底是什么呢？是找到一个合适但没有什么感情的人过完

平稳的一生，还是跟一个喜欢的人一起跌跌撞撞地走下去呢？其实说到底我也不太明白，但是一个笨蛋的智商有限，两个笨蛋凑在一起，说不定就能负负得正了呢。

"阿傻，你当时在地铁上为什么要跟我说'gocha'啊？"

"感觉抓到你就能抓到皮卡丘啊！"

所以跟我在一起只是为了抓皮卡丘吗？好生气哦！但是我又抓到了皮卡丘，又抓到了男朋友，这么想起来，还是很划算哦！

这么想着，我又握紧了阿傻的手，男朋友这么可爱要怎么办啊？只能更加喜欢他了！

后 记

《Small talk》

得知这个稿子要签约的时候，我就在 QQ 上问负责这个稿子的编辑。

"我可以在扉页上写'致 ×××'这种话吗？"

"大概可以吧！"

虽然在扉页上写"送给 ×××""感谢 ×××"这种话看上去很幼稚，但是有的时候就是想幼稚一下啊！这可是我出的第一本书！

所以我到现在还抱着一些可爱的幻想，说不定在这本书上市的时候，我就攒够了去英国的钱，然后我在一个漫展上遇到了我的爱豆，我们愉快地合影，我再把这本书送给他！

啧啧啧，这么想着，我恨不得唱着陈绮贞女士的《下个星期去英国》，拖着我的行李箱马上出发。

这么看起来，这篇后记就是一篇很无趣的后记了，作者写书的原因就是为了追星，爱豆使人强大啊！

我写稿子的理由，跟故事集里面的邱于珈是一样的，那一小段故事取材于我的真实经历，那个时候喜欢一个男孩子，当然在一起是没有什么希望的事情啦，于是就写了一个小小的故事，用稿费给他买了迟到的情人节巧克力。

第一次投稿很顺利地过稿了，不过故事也就到这里止步了，我跟邱于珈不一样，她是虚构的人物，她可以勇敢可以奋不顾身，但是现实不是这样的。

生活当中很多人都是软弱的。

虽然我们之间的故事就到这里了，但是以这件事为契机，我踏上了这条缓慢的写作之路。

我从二零一七年一月开始，就陆陆续续地写了这些故事，中间写写停停转眼就是一年的时间，这一年也发生了很多事情，说起来一路跌跌撞撞，竟然也过完了这一年，非常神奇。我写了一本书，无聊的时候就在家里跳舞熬果酱，看《神探夏洛克》，把豆瓣年度阅读推荐榜的图书一本本看完，虽然无聊但是好像也很自得其乐的样子。

"你必须牢记自己是什么人，你选择要成为什么人，记住你正在从事的事情的重要意义。"嗯，恋爱不过是生命的一小部分，失恋也是，即便有人离开了你，你的世界也并不会因为这个人的离开而崩塌，所以请不要因此放弃你的生活跟梦想。希望看到这本书的读者，尽量要做到这件事情哦。

丝山秋子女士在书里写过：等待来的都是不幸。

嗯，如果可以的话，我希望，故事就终止在二零一五年四月的那个早上，没有等待，也没有不幸。

那是普通又平常的一天，看完了《Small talk》(《小声说话》)，我做了一个漫长的梦。

祝好。